巴西外交政策

从萨尔内到卢拉的自主之路

〔巴西〕杜鲁·维也瓦尼　加布里埃尔·塞帕鲁尼●著

李祥坤　刘国枝　邹翠英●译

Brazilian Foreign Policy
in Changing Times:
The Quest for
Autonomy from Sarney to Lula

Tullo Vigevani & Gabriel Cepaluni

社会科学文献出版社
SOCIAL SCIENCES ACADEMIC PRESS (CHINA)

Tullo Vigevani and Gabriel Cepaluni

Brazilian Foreign Policy in Changing Times: The Quest for Autonomy from Sarney to Lula

© 2009 by Lexington Books

Published by agreement with the Rowman & Littlefield Publishing Group through the Chinese Connection Agency, a division of The Yao Enterprises, LLC

本书根据 Rowman & Littlefield 出版集团分支 Lexington Books 2009 年版译出

致　谢

　　完成一本书通常需要长时期的工作，此书也不例外。本书部分章节曾作为学术论文以不同的语言和形式发表，还有一些章节在诸如国际政治学协会（IPSA）和国际研究协会（ISA）举办的重要学术会议上进行过交流。

　　本书针对的读者面比较广泛：既包括从事拉美研究的专家教授，也包括对国际关系感兴趣的普通读者。自 1985 年迄今的巴西外交政策具有范式意义，因为它为增强巴西在世界上的作用，提升巴西的发展目标，表现出了较大的能量。巴西在国际舞台上的形象不断得到改善，这不仅是国内各行业同心协力所取得的成就，还是巴西外交的传统学派——外交部（俗称"伊达马拉奇"）不懈努力的结果。在对美关系上，相对而言，巴西的外交政策与美国各届政府一直相安无事，不管是像罗纳德·里根和乔治·W.布什那样倾向于单边主义的政府，还是像克林顿（也许还有奥巴马）那样倾向于多边主义的政府。

　　感谢我们的本科生、硕士生和博士生，是他们激发了我们对巴西外交政策根本问题的思考。在我们的研究过程中，许多受访者给予了配合，提出了意见和建议，他们包括：莫尼兹·班代拉、安德鲁·贝内特、毛里西奥·冯特、马库·奥雷利奥·加西亚、吉安卡洛·加尔迪尼、塞尔索·拉费尔、安德鲁·赫雷尔、玛丽亚·赫吉娜·苏亚雷斯·德利马、安德雷斯·马拉穆德、约瑟夫·马克斯、马塞罗·麦德罗斯、雷吉纳尔多·莫赖斯、阿曼西奥·豪尔赫·德奥利维拉、米丽娅姆·萨拉瓦、玛丽亚·埃米尼亚·塔瓦雷斯·德阿尔梅达、阿尔西德斯·科斯塔·瓦兹、塞巴斯蒂安·维拉斯科·克鲁兹。在巴西外交官中，重要的受访者包括：保罗·罗伯托·德阿尔梅达、卡洛斯·恩里克·卡迪姆、杰尔松·小方塞卡、安东尼奥·帕特里奥塔、萨穆埃尔·皮涅罗·吉马良斯、鲁本斯·里库佩罗。当然，以上各位都不对本书的内容负责。

书中部分章节是在早期论文的基础上深度加工而成的。第四章的前身是杜鲁·维也瓦尼与马塞罗·弗尔南迪斯·德奥利维拉合撰、蒂莫西·汤普森翻译的一篇论文，曾于2007年发表（《卡多佐时代的巴西外交政策》，《拉丁美洲视角》，第34卷，第5期）。第五章源于本书作者2007年发表于《第三世界季刊》第28卷第7期上的一篇文章（《卢拉的外交政策和多元化自主之路》）。最后，第六章的部分论点是基于杜鲁·维也瓦尼、古斯塔沃·德·毛罗·法维劳、哈罗德·小哈曼兹尼、罗德里戈·阿尔维斯·科雷亚合撰的文章《区域一体化对巴西的影响：普遍主义、自主与精英阶层的观念》，于2008年发表于《巴西国际时政》第51卷第1期。对允许我们修改这些论文用于本书的以上合作者及发表这些论文的刊物，我们谨表谢意。

对本书的撰写和成书，利维亚·尤里·榎本在数据收集、部分章节的最后校订及图表的设计方面给予了重大支持。同样，我们还要感谢我们的译者莱昂纳多·莫拉，感谢他的付出和耐心以及对本书形式和内容所提出的建议。感谢我们的编辑约瑟夫·帕瑞，自 2007 年我们在芝加哥举行的国际研究协会年会上首次见面以来，他一直对本书给予特别的鼓励。没有他的支持，本书就不可能完成。"当代文化研究中心"（Cedec）的执行秘书马雷达·博吉斯为我们解决了很多管理上的问题，在此谨向他表达衷心的感谢。

　　我们还要感谢我们所就职的大学以及合作的机构，包括全国美国研究所（NISUS/INEU）、圣保罗州立大学（Unesp）、坎皮纳斯州立大学（Unicamp）、圣保罗天主教大学（PUC-SP）、圣保罗大学（USP）、乔治城大学、当代文化研究中心，同时感谢巴西国家科技发展委员会（CNPq）、圣保罗研究基金会（Fapesp）和高等教育人才发展协会（Capes）等多年来为我们的研究提供经费资助的机构。

杜鲁·维也瓦尼

加布里埃尔·塞帕鲁尼

序

菲利普·C. 施密特

欧盟大学研究院

在研究外交政策的文献中，最常见的不足就是几乎总是聚焦于欧洲和北美的"核心国家"，只是偶尔才不经意地向中国和印度投去一瞥。究其原因，可能在于其他国家没有真正意义上的外交政策，它们在这方面独立思考和行动的空间受到"核心"行为体所主导的国际体系的高度限制，乃至于分析它们的外交政策几乎没有价值。只要理解了核心国家的行为（和原因），边缘国家的行为就不言自明。

本书打破了这些局限，其中心主题是"自主"——恰恰是人们认为边缘国家的外交政策所不具备的东西。诚然，巴西是边缘国家中的一个非常重要的成员，甚至是其所处的拉美南锥地区①

---

① 南锥地区指拉丁美洲南部地区，包括智利、秘鲁、厄瓜多尔、玻利维亚、巴西、阿根廷、巴拉圭、乌拉圭等八个国家，它们从北向南延伸为一个锥体，故有此称。——译者注

的巨人，近年来还是金砖国家中突出而高度活跃的一员。杜鲁·维也瓦尼和加布里埃尔·塞帕鲁尼追溯了巴西"追求自主"的历程，这一历程始于20世纪80年代中期所开始的民主政权，历经五届总统至今。他们的研究表明，这种追求本质上一直是战略的重点，但其策略表现变化较大。他们呈现了三种理想而典型的策略：使巴西疏离占主导地位的国家和坚持主权来赢得自主；通过与主导国家一起参与关键的制度设计来赢得自主；通过与更多的国家和体系开展多元化接触来赢得自主。这些策略依次得到呈现，表明巴西某种不断探索和选择最合适的策略的演变过程，但两位作者没有具体阐明或明确指出这一点。然而，他们对巴西在争取更大自主方面所取得进步的创造性构想，的确提供了一种"模式"，可以用于具有类似抱负的其他边缘国家的外交政策。

不过，在他们的论述中，有几对矛盾（在我看来）似乎具有更鲜明的巴西特色。首先是由于外部力量与内部力量抗衡而带来的障碍和机遇。所谓边缘地位，顾名思义，其实就意味着外部力量大于内部力量。核心国家（尤其是美国）的主导地位——而非国内利益集团的努力——是造成巴西外交政策延续或变化的更为重要的原因，尽管他们指出，最初关注国内市场，后来又强调区域一体化的经济发展的确提高了全国性商业机构和协会的作用，尤其是在要求更大程度地参与国际（和地区）事务时更是如此。他们含蓄地认为民主化本身在这种政策变化中只是发挥了相对次要的作用。第二对矛盾更是为巴西所特有，涉及外交部——通常被称为"伊达马拉奇"（因曾位于里约热内卢的官邸而得名）——长期以来所发挥的独特而显著的作用。巴西的外交部门一贯训练有素，自主运作，这是其他"第三世界边缘国家"无可比拟的。不管在位的是什么政权或政府，伊达马拉奇始终保持其外交政策的高度连续性。随着民选总统——尤其是那些自认被授权处理自己的外交关系的总统——重新上台执政，决策权的归属似乎有些动摇。作者的论述没有表明，这种策略上的演变是应该归功于伊达马拉奇还是归功于最后两位总统，即费尔南多·恩里克·卡多佐和路易斯·伊纳西奥·卢拉·达席尔瓦。

在结语中，维也瓦尼和塞帕鲁尼所呈现的巴西与他们在开篇所描述的大相径庭。巴西现在是全球范围内的一个重要的"半边缘"国家，还可能成为南美洲的"主导"国家。说来矛盾的是，它在前者的成就更为显著。巴西是区域一体化组织"南方共同市场"（简称"南共市"）的一个极为重要的参与者，但该组织在体制建设上一直停滞不前，许多承诺也未能实现，而巴西对此负有很大责任。很显然，其难处就在于，巴西在世界舞台上获得的自主权越大，就越不愿意放弃在本地区的那一部分自主权。

目　录

前　言

　　本书分析 20 世纪 80 年代中期至 2009 年巴西外交政策的变化与延续。为了研究这一主题，自主概念是我们主要的分析范畴。从这种意义上说，拉丁美洲在国际关系上的研究成果对本书至关重要。

　　军事政权（1964～1984 年）结束后的首位民选总统若泽·萨尔内执政期间（1985～1990 年），巴西的民主过渡时期开始。由此引发了要求国家进行体制改革的压力，并最终于 1988 年促成新宪法的通过。当时，巴西正经历着严重的经济和社会危机。通货膨胀、增长率低、生活水平不断下降等，都是国家经历明显困难时刻的证明。罗纳德·里根总统在位期间（1981～1989 年），美国面临来自日本、德国以及诸如巴西等新兴工业化国家的激烈的经济竞争，因此对传统贸易伙伴采取强硬的立场，不仅在信息技术和专利问题上对巴西施加双重压力，还开始努力将知识产权、投资和服务等"新议题"引入关税及贸易总协定（GATT）的范围之中。

　　这种国内国际的双重压力，以及进口替代经济模式的衰败，促使巴西逐渐改变外交政策。随着国家民主化的进展，诸如工会、商业人士和公众舆论等新行为体开始对外交政策问题越来越关注，并相继发表自己的意见。就国内而言，强调政府作用的进口替代模式和旨在控制通货膨胀并保持经济增长的非传统宏观经济调控不足以解决巴西的社会和经济问题。1987年外债延期、经济方案失败及几任财长相继下台，也都是该模式失效的标志。被部分人归咎于进口替代模式的经济动荡受到国际货币基金组织（IMF）和世界银行等金融机构的严厉批评。

国际方面的制约也显而易见。时任总统最重要的国际计划之一就是试图与阿根廷联手行动。这一阶段代表了区域关系的创造性时刻。与阿根廷联手具有重大意义，其着眼点（至少最初是这样）仍然在于两国国内市场的发展。两国过去的矛盾得到缓和，从而开启了一个延续至今的部分一体化时期。

关于经济方向变化的讨论也已经展开。由于各种因素的制约，自 20 世纪 30 年代热图利奥·瓦加斯总统在位时所推行的进口替代模式已走向尽头。即使对巴西经济模式的支持者而言，也难以为其延续进行辩护。

尽管推行民主政权并没有引起外交政策的突变，但萨尔内总统在任末期已经做出重要调整。政府在信息技术和专利问题上不得不向美国做出双重让步，而随着"新议题"进入关贸总协定乌拉圭回合谈判议程，则不得不做出多重让步。实际上，这些压力到头来得到发达国家的普遍赞同。萨尔内政府还不得不更加灵活地就外债偿还问题进行谈判，并实施由国际货币基金组织和世界银行所倡导的部分政策。因此，萨尔内总统交给继任者的是一个完全不同的国家。1988 年，巴西不仅拥有了新宪法，新的外交政策也初具雏形，在很多方面不同于军事政权时期所推行的政策。巴西正在寻求参与某些重大国际问题的讨论，并认为这是强化国家主权的途径。因此，巴西逐渐放弃以保护主义行为为导向的发展理念，而保护主义行为是公司化国家的典型特征，我们在本书中称之为疏离型自主。

1989 年总统大选期间，费尔南多·科洛尔·德梅洛（1990~1992 年担任总统）提倡激进的新自由主义改革，他认为，这种改革会使巴西走向现代化并在国际舞台上引人注目。起初，由于弗朗西斯科·雷塞克担任外长（1990 年 1 月至 1992 年 4 月），科洛尔·德梅洛实施了与美国重新修好的政策。但是，他并没有如愿获得美国的大力支持。比如在债务谈判中，美国仍然坚持强硬而毫不让步的立场。由于与政府相关的人士被指贪污受贿以及无力应对经济危机，科洛尔·德梅洛在位期间一直政局不稳。

1992 年的内阁改组将塞尔索·拉费尔推上外交部部长的职位。在他 1992 年 4 月到 10 月的任职期内，巴西外交政策中的一种新战略渐显雏形。在此之前，为了尽量将科洛尔·德梅洛的过激行为最小化，外交部失去了在制定外交政策中的重要性，但现在又重获战略地位。拉费尔极力保持巴西的外交传统。与此同时，他也会做出必要的调整，以便巴西能够适应因冷战结束以及被许多人称为全球化的快速进程而带来的新的机遇和障碍。

拉费尔及其团队对于世界的理解与后来被称为"参与型自主"的理念相一致。这一理念的倡导者们认为，巴西如果想在国际舞台上享有更多的操纵空间，就不应该以保护主权为由而对新的国际议题和制度敬而远之。相反，它应该尽力运用自己的价值观和外交传统来影响国际议程。这一新的外交理念在联合国环境与发展会议（UNCED，亦称里约－92或生态－92）上得到典型体现。在本次会议上，巴西没有被视为亚马孙河流域的破坏者，而是被视为环境保护的行动者，哪怕只是暂时而已。赫雷尔（Hurrel，1991）的研究表明，在越来越多的国家，不管是公众舆论，还是政府、商人、社会组织、知识分子等，对亚马孙地区的森林采伐都提出了激烈的批评，从而促使萨尔内总统——尤其是科洛尔·德梅洛总统——在执政期间对巴西的环境政策做出改变。

巴西大使杰尔松·小方塞卡曾说：

> 我们在里约－92上采取的态度体现了我所说的通过参与的途径获得自主的思想。在会议上，我们从一开始就致力于拓宽会议的视域，将发展主题与环境主题联系起来，并赞同可持续发展的理念。最终采纳的解决方案和协议在很大程度上都归功于巴西，归功于它为确保达成一致和克服僵局所做出的努力。在人权问题上也不难看出同样积极的态度，正是因为巴西出席维也纳会议，才对该会的圆满结束起到了决定性作用。（Fonseca Jr.，1998：369）

在科洛尔·德梅洛被弹劾之后，拉费尔发起的变革得到了部分的延续。新总统伊塔玛尔·佛朗哥（1992～1994年）此前曾是科洛尔·德梅洛任下的副总统，他缓和了自由主义论调，但总体上并未推翻其前任所采取的措施。巴西应该寻求更多地参与国际事务，这是一种必然，但是，高通胀率、外债问题以及这个国家在霸权中心眼中的负面形象仍然存在。佛朗哥总统授权外交部负责制定和实施外交政策，其时的外长最初由费尔南多·恩里克·卡多佐担任（1992年10月至1993年5月）。在其短暂的任期内，卡多佐开始对拉费尔所倡导的参与型自主理念进行概念深化。在他看来，巴西必须跨越专制民族主义和内向型发展阶段，努力实现对世界事务的竞争性参与。巴西不能排除与世界任何角落合作的可能，但其外交政策的重心很明确，即与美国和核心国家建立良好关系，并将南共市作为参与国际事务的平台。

当卡多佐改任财长而塞尔索·阿莫林接任外长（1993年5月至1994年12月）时，为避免引发特定的期望而采取了无标签的外交政策。不过，独立外交政策传统的某些方面被再度奉行。所谓独立外交政策，是由1964年4月军事政变之前两任民选总统雅尼奥·夸德罗斯（1961年）和若昂·古拉特（1961~1964年）任下的三位外长阿丰索·阿里诺·德梅洛·佛朗哥、圣·蒂亚戈·丹塔斯、阿劳若·卡斯特罗所制定。有时，它也涉及埃内斯托·盖泽尔总统（1974~1978年）的军政府时期的外长安东尼奥·弗朗西斯科·阿泽雷多·达西尔韦拉所倡导的"负责任的实用主义"的部分内容。阿莫林的外交政策显示出我们所说的多元化自主的某些因素，也就是说，国家在努力加强与战略伙伴的关系，以便在多边论坛中面对富裕国家具备更强的谈判能力，并扩大其政治、经济、技术等的利益范围。

南共市被视为一种平衡美国在南锥国家影响的途径，同时也是让巴西做好准备，以便在保护主义削弱的环境下应对国际贸易中更激烈竞争的途径。在联合国范围内，巴西开始采取更积极的立场，不仅提出"发展议程"，还倡导安理会的民主化，以使巴西成为常任理事国。这种新的定位之所以成为可能，是鉴于巴西的和平历史[1]和新的民主声誉，以及近年来货币的稳定——这种稳定得益于 1994 年 6 月的"雷亚尔计划"，它使外债谈判不再是巴西的首项国际议题。就像拉费尔和卡多佐一样，阿莫林不得不等到几年之后，才能更深入地改变巴西外交政策，因为他在伊达马拉奇[2]的时间不长，不足以深化他所发起的变革。

在卡多佐的两届总统任期（1995～2002 年）之内，相继担任外长的是路易斯·费利佩·兰普雷亚（1995 年 1 月至 2001 年 1 月）和拉费尔（2001 年 1 月至 2002 年 12 月）。在此期间，巴西将形成在参与型自主理念指导下的外交格局。符合民主政治价值和经济自由主义的外交政策得到确立。在科洛尔·德梅洛任下未能巩固、伊塔玛尔·佛朗哥任下面对经济开放而犹疑不定的导向现在得到了加强。因此，疏离型自主的外交政策发生了改变，尽管它主导了大半个冷战时期，几乎直到 1990 年都呈现出一定的保护主义和被动应变的特征，现在终于被影响日益扩大、遵循自由主义原则的高要求的国际议题所取代，并以参与型自主的理念为指导。巴西如果希望积极参与国际规范和制度的制定，就必须解决其内部问题，并更好地掌控自己的未来。

卡多佐政府的目标不是去被动适应，而是在国力允许的范围内尽可能地改变和重塑国际环境。必须考虑其他国家的利益和权力关系，通过制定更有利于巴西利益的国际制度来寻求参与重大谈判和国际问题的不同方式。政府一再重申，南共市始终被视为在全球层面参与国际竞争的平台。它还寻求与全球价值和趋势更好地保持一致，包括环境保护、裁军、贸易自由主义以及更多地参与各种不同主题的多边论坛。最后，政治民主和经济自由则是参与型自主理念的指导原则。

随着比尔·克林顿任期（1993～2001年）的结束，特别是2001年"9·11"事件之后，美国的多边主义倾向开始减弱，面对因反恐战争造成的冲突，贸易问题不再是关注的焦点，其重心转移到中东和宗教极端主义。美国对拉丁美洲原本就兴趣不大，现在进一步降低。因此，在卡多佐政府末期，巴西外交政策已经出现改革的迹象。该政策在传统上倡导多边主义，将经济发展置于首位，而安全问题并非它关注的核心——要说理由，那就是巴西历史上的冲突少之又少。卡多佐开始稍稍提高对乔治·W.布什总统外交政策的批评论调，并寻找与巴西议程更趋一致的其他合作伙伴。在此期间，中国、俄罗斯、印度和南非等发展中国家快速发展。卡多佐政府开始拟定以重申自主理念为导向的外交政策。

在路易斯·伊纳西奥·卢拉·达席尔瓦第一任期（2003～2006年）之内，巴西与中国、俄罗斯、印度和南非的伙伴关系再度得到重视。随着印度、巴西、南非三国对话论坛（G-3或IBSA）的成立，卢拉总统实现了与印度和南非关系的正常化，并旨在使其具有战略意义。而与中国和俄罗斯方面，巴西力图加强商业、科技和军事交流。尽管受到国内最重要的商业组织圣保罗州工业联合会（FIESP）的反对，卢拉政府依然承认中国的市场经济地位。我们将会看到，随着中国成为巴西主要的贸易伙伴，以上关系发挥了重大作用。

卡多佐任期末，与南方国家建立了对话，尽管尚未形成体制化的合作关系。而卢拉政府则与国力相近并在各自地区居领导地位的发展中国家结成了战略联盟。2003年9月，作为多哈回合组成部分的世贸组织部长级会议在坎昆举行，其间成立了 20 国集团（G–20）[3]，巴西在其中扮演了主导角色，其目的在于降低富裕国家的国内补贴，进一步打开欧洲和北美市场。

部分发展中国家在权力等级中处于类似的地位，并面临类似的社会问题，在这些国家之间不断深化国际认同是多元化自主战略的一部分。该战略基于通过联合发展中国家以制衡发达国家的议程，力图对国际制度议程施加影响。从这种意义上说，与克拉斯纳在 20 世纪 80 年代中期所描述的发展中国家的战略相比，巴西的外交政策已经发生了很大变化：

> 战后第三世界政策的常见特征之一，就是希望那些对资源进行指令性分配而不是市场分配的国际制度保持不变。这体现了大多数发展中国家的深刻弱点。这种弱点的根源就在于，面对全球市场的压力，它们无法单方面施加影响或从内部进行调适；而工业化大国则有能力影响国际环境，并从内部进行调适。（Krasner，1985：11）

目前在世贸组织中，针对降低农业补贴等议题，相比于美国和部分欧洲国家等工业化大国，巴西等部分发展中国家提出的是一种更加自由化的行业性议程。早在乌拉圭回合，发展中国家就不再试图阻止知识产权、服务、投资等"新议题"，而是同意将它们纳入关贸总协定和世贸组织体系。就巴西而言，其部分产品的竞争力解释了这种自由主义立场。但在金融等其他议题上，卢拉政府并没有采取这种立场，而是与主张加大政府监管的国家达成了联盟。

最后，我们指出，巴西计划建立一个非体制化的南共市，以维护自主并使自己更广泛地参与国际事务，这与多元化自主的理念相辅相成。这一理念使巴西得以对其他合作伙伴进行先后排序。相对而言，此举对南锥邻国造成了不利，使一体化进程范围更广，却缺乏关税同盟和共同市场所应有的深度。近年来，政府重视与中国、俄罗斯、印度、南非等国家建立合作关系，得到了利益集团、商业领域和政府内部的支持。

说到这里，有一个问题仍然有待解答，即 80 年代中期以来，巴西外交政策的延续与变化主要体现在哪些方面？

我们认为，巴西的主要特点是追求在国际上的自主。本书中，自主是指国家有能力实施自己的外交政策，而免受强国所施加的国际限制。很显然，自主有不同程度。一个国家可以拥有极度的自主，使其得以不依赖任何国家而采取单边行动，也可以是自动依附，即一国的外交政策完全受制于另一国的行动和意愿[4]。自主思想是巴西发展的一种途径。与此同时，经济增长也可以在国际舞台上带来更多的操纵空间。因此，从整体和理论上说，至少自 20 世纪 80 年代中期以来，追求自主和发展是巴西外交政策的不变主题。其根源可以追溯到过去，甚至追溯到 19 世纪的帝国时期，显然也包括 20 世纪的不同时期。但在本书中，自主的思想是我们核心的分析范畴，而发展的概念在论述中则居于次要地位。

针对所看到的变化（即本书的研究对象），我们认为，从理论上说，追求自主的方式有三种，即疏离、参与和多元化，它们虽各有不同，在现实中却并不互相排斥。本书中，我们将对 20 世纪 80 年代中期到 2009 年的巴西外交政策进行实证分析，并将表明，某些历史时期比其他时期更符合以上提及的三种自主方式之一。

自 20 世纪 30 年代热图利奥·瓦加斯总统当政以来，疏离型自主的思想对巴西的外交行动一直十分重要。在萨尔内执政期间，这种思想作为一种战略选择已经开始失效，而到萨尔内政府末期，变革的必要性已显而易见，但道路尚不明确。科洛尔·德梅洛总统上台后，巴西所采取的是自称与富裕国家（尤其是美国）相一致的话语。该战略的失败使巴西无法制定明确的外交政策路线。可以说伊塔玛尔·佛朗哥政府也是如此，它不得不应对自萨尔内开启的民主过渡时期以来所存在的国内危机和政治动荡。只有到卡多佐上台后，巴西才开始采取一种以参与型自主理念为指导的外交政策。由于"9·11"事件和南方主要国家的经济发展，世界格局发生了变化，巴西得以有机会在国际舞台上争取更大的自主。随着卢拉总统的就任，南南关系呈现出新动态。巴西努力扩大与非洲、亚洲和中东地区非传统市场的伙伴关系，并将其体制化。寻求这些伙伴关系并不意味着退回到六七十年代的一定程度上的"第三世界主义"——尽管在军事统治初期的卡斯特洛·布兰科政府时期（1964～1967 年）有所中断。实际上，建立这些伙伴关系是从当时的自由主义国际秩序考虑，以努力提高巴西与发达国家在多边谈判中的议价能力，旨在改变"二战"结束以来所存在的霸权结构。在本书中，我们将这种战略称为多元化自主。

本书的结构

在第一章，我们从拉丁美洲国际关系领域学者的视角，阐述自主的定义。为此，我们将确定一种与主流观点相对的立场，以便于从主权角度进行论述。透过这种视角，无政府主义与等级制度的对比得到凸显。本章还将描述争取自主的三种不同途径。第二章分析萨尔内政府的外交政策，并探索国际国内的压力如何促使其进行外交政策的变革。第三章论述科洛尔·德梅洛和伊塔玛尔·佛朗哥两届政府由于政治动荡，而无法在外交政策上实施大的变革，不过，他们对巴西外交行动的后续发展产生了影响。第四章指出，卡多佐政府制定了以参与型自主理念为指导的外交政策。在第五章，我们认为，卢拉总统实行了以多元化自主战略为导向的外交政策。第六章表明，在普遍主义和成为国际贸易商的目标占主导的环境下，一味强调巩固与印度、南非、中国和俄罗斯等主要发展中国家的伙伴关系，可能会削弱南共市的体制化计划。最后一章讨论巴西与委内瑞拉的关系，着重论述卢拉总统与乌戈·查韦斯总统在治国理政方案上的相同与不同之处。

注释：

[1] 巴西最后也是唯一一次作为主导国参与的战争是 1864 年 12 月至 1870 年 3 月与乌拉圭之战。

[2] 巴西外交部的代名词，因其总部最初设于里约热内卢的伊达马拉奇宫而得名，在总部迁往巴西利亚后，该名称一直沿用至今。

[3] 20 国集团是一个发展中国家组织，于 2003 年 8 月 20 日成立，当时正是将于 9 月 10 ~ 14 日在坎昆举行的世贸组织第五届部长级会议的最后准备阶段。它关注的重心是农业，这是多哈发展议程的核心议题。虽然名为 20 国集团，其成员数自成立以来发生了变化。2008 年 7 月，集团共有 23 个成员：5 个非洲国家（埃及、尼日利亚、南非、坦桑尼亚和津巴布韦）；6 个

亚洲国家（中国、印度、印度尼西亚、巴基斯坦、菲律宾和泰国）；12个拉美国家（阿根廷、玻利维亚、巴西、智利、古巴、厄瓜多尔、危地马拉、墨西哥、巴拉圭、秘鲁、乌拉圭和委内瑞拉）。

[4] 卡洛斯·埃斯库德（Carlos Escudé, 1988）认为，像阿根廷这样的边缘国家应该与美国形成依附关系，以换取可以改善民众社会福利的利益。

第一章
自主的界定

引　言

在拉美学者的著述中，自主这个概念指的是不受强国制约的一种外交政策。因此，它不同于传统国际关系学界多数主流作家的理解，他们将其界定为对主权国家在无政府主义国际秩序中作为"平等单位"的法律认可。

蒂克纳（Tickner，2003：318）认为，尽管国际关系理论对主权国家的自主有过或明或隐的涉及，但这一概念通常与国家的内政能力相关。克拉斯纳指出，内政上的自主是威斯特伐利亚主权的一项基本原则，因为威斯特伐利亚主权是"以领土完整和排除外力对国内权力结构的干预这两大原则为基础，来规划政治生活的一种制度安排"（Krasner，1999：20）。

第三世界对自主往往有不同的理解。从国内来看，自主是国家的基本标志，是确保其以独特形式自由或独立发展的首要途径。而超出国境之外，自主则被第三世界视为处理国际关系的基础。它并非植根于法律意义上的主权观念，而是一个政治概念，是一种保护国家免受国际体系不利影响的思想。"产生于50年代的不结盟概念就是一个例子，说明了自主与内政／外交自由之间的关系。"（Tickner，2003：319）因此，从强国的特权角度看来，外交自主不是一个需要特别关注的问题。

克拉斯纳（Krasner，1999）认为威斯特伐利亚主权始终是一个神话，因为很少有国家能享有绝对的内政自主。他列举了许多实例，表明包括美国在内的西方国家主权都曾受到侵犯。这在经验上也许是事实，但在第三世界看来，有些国家比其他国家享受更多的主权。（Neuman，1998：10）从这种意义上说，自主的思想对于权力资源较少的国家就变得更加迫切。

为此，埃斯库德（Escudé，1998）指出，对国际关系学领域国际无政府主义的神话之根源，我们必须进行探讨。就他看来，在《联合国宪章》得到签署和批准之前，国与国之间正式意义上的平等只不过是法律上的幻想，而自那以后，甚至连幻想都谈不上，因为安理会只有五个具有否决权的常任理事国，它们在安全领域为国与国之间的不平等确定了法律原则。此外，《联合国宪章》第七章正式赋予安理会干预权。在国际制度中也能看到同样的原则，如《核不扩散条约》就明文规定，部分国家有权拥有大规模杀伤性武器，而其他国家则不行。这些制度所规定的问题虽然为数不多，实质却非常关键。"国与国之间在正式意义上并不平等；无可否认的是，在非正式的意义上，这种不平等更加严重。"（Escudé，1998：62）

因此，无政府主义神话是主权思想的组成部分，这一点已比较明确。在这一理论体系另一端的社会主义阵营内，罗森伯格（Rosenberg，1994）也力图揭开所谓任何国家都享有法律上的平等和平等主权一说的神秘面纱。埃斯库德指出，该谬论是现实主义国际关系理论的核心。"这一观念最早源于汉斯·J. 摩根索，在沃兹和其他新现实主义者所说的无政府主义中得到体现，他们认为这种无政府主义是国际体系结构的一种特征。"（Escudé, 1998：63）由此可见，强国和弱国并非同属一种无政府主义秩序的"平等单位"（Waltz, 1979）。相反，强国和弱国之间的这种差异表明，国际体系的"结构"具有典型的等级性质而不是无政府主义性质。（Escudé, 1998：65）

罗素和托卡特利恩（Russell & Tokatlian, 2003：1-2）揭示了自主一词的三层含义。首先，自主是一种常常被国家或非国家行为体的行为所违反的原则或权利。在民主、人权等被认为更重要的问题的名义下，弱国的主权常常受到忽视。（Krasner, 1995/1996）

其次，这一概念也被用来指国家利益的目标之一，另外两个目标则是生存和经济发展。（Wendt, 1999：138）温特认为，这些利益为各个国家所共有，不仅是行动的规范指南，还是促使国家以某种方式采取行动的原因。（Wendt, 1999：234）

最后，自主被视为一种使国家得以独立地表达意愿和实现政治目标的条件。根据这一含义（这也是包括笔者在内的拉美学者对此问题所持的见解），自主是国家可能拥有或缺乏的一种特性，其程度处于由两种极端的典型形式——完全依赖（或依附）或完全自主——所构成的连续体之间。

因此，自主这一概念是国家基于自己的目标，在不受外界干预或制约的情况下，凭借自己控制境外事件及进程的能力，来实施其决定的能力。自主是一个始终存在着程度差异的问题，既取决于国家的实力（硬实力和软实力），也取决于其面临的外部环境。

在本书中，我们以 20 世纪 80 年代至今的巴西历史为例，展开对自主问题的探讨。我们认为，巴西外交政策的一个显著特征就是追求自主，尤其是在对美关系方面。我们发现，在实现这种自主的过程中，存在着三种方式，即疏离、参与和多元化。过去的几十年里，疏离型自主通过基于强烈的民族主义情绪而形成的自给自足型经济发展，以及远离重大的国际问题和寻求南南联盟等而得到体现。参与型自主则涉及更加广泛的国际参与以及对自由主义规范和主要国际制度的接受，以期到头来能够影响和参与这些制度的决策。最后，多元化自主指的是靠近南方国家，以便在国际制度的框架中能够更多地介入和获得更大的权力，寄希望于多边解决方案而不是一个单极世界。多元化自主表现出的是一种力争实现国际伙伴多元化，同时又避免与核心国家关系破裂的能力。它旨在通过国与国之间更好的平衡，巩固巴西在多极化世界中的地位。

自主概念在拉丁美洲的发展

在 20 世纪 70 年代以来的拉丁美洲，自主思想一直被视为将该地区各国从对外依赖中"解放"出来的一种途径。

雅瓜里贝（Jaguaribe, 1970：91 – 93）将国际体系描述为一种等级秩序。尽管行使自主的国家无法确保自己的领土完全不受侵犯，但在较大程度上对敌人的行动形成了障碍，并享有充分的运作空间，得以实施自己的外交政策。相反，依赖型国家虽然形式上独立并享有主权，却处处受到强国的制约。

自主因结构条件的变化而变化，雅瓜里贝（Jaguaribe,

1979：96－97）将这些条件概括为"国家生存力"和"国际容许度"。前者指拥有充足的人力和社会资源，能够融入国际社会并在国内具有较强的社会文化凝聚力。后者与消除外在威胁的能力相关，取决于国家的经济、军事资源及其与其他国家的联盟。雅瓜里贝还指出了边缘国家保持自主的两个根本因素，即技术和企业自主，以及与中心国家的良好关系。

在对自主的论述中，普伊格（Puig，1980，1984）与摩根索和沃兹等现实主义学者不同，他认为国际体系的特征并不是无政府主义，而是一种国际等级制。根据普伊格（Puig，1980：149－155）的观点，实现自主需要经历四个阶段：主权国家的正式地位；制定和实施国家项目所需要的充足的物质资源；在具有战略利益的领域接受大国的政策，以换取在对拉美国家同样重要的领域（如发展模式的选择等）实施自主的权力；摆脱对核心国家的依赖和采取不服从行动。在普伊格和雅瓜里贝看来，自主需要相当程度的"国家生存力"，需要大量的国内资源以及精英阶层对国家项目的明确支持。两位学者还一致认为，自主需要调动边缘国家的权力资源。实现这一目标的策略包括：建立区域联盟以对抗中心国家，政治和经济一体化，以及提高谈判技巧。

在一项针对 20 世纪 80 年代初期巴美关系的实证分析中，莫拉、克拉默和罗贝尔（Maura，Kramer & Wrobel，1985）使用"自主"一词来指代巴西所推行的与美国利益保持一定距离的外交政策。在他们看来，两国之间始于 20 世纪 70 年代的政治疏离过程已广为人知。因此，"这种已持续较久的关系使人们不禁认为，目前所面对的并不是因某一届政府的具体政策而造成的暂时性困难"（1985：35）。相反，它表明了两国关系的一种长久趋势。究其分歧的原因，一方面在于 20 世纪 70年代以来，巴西希望在国际环境中发挥显著作用；另一方面则在于美国一意维持对拉美国家的旧式"命令"关系。产生这些变化的背景包括 20 世纪 60 年代以来国际体系发生的重大转变，比如：西欧和日本经济复苏；第三世界在国际论坛——尤其是关贸总协定和联合国——中发挥着越来越重要的作用；还有国际关系缓和的过程本身，它使得不管是在以苏联为首的社会主义阵营还是在以美国为首的资本主义阵营，其内部的依赖关系都得到缓解。

为了增进对自主概念的理解，小方塞卡（Fonseca Jr.，1998）指出，在冷战时期，疏离型自主是巴西外交的主要特征。而伴随着巴西的民主化过程、冷战的结束、所谓全球化进程的深化以及国际议程中"新议题"（环境问题、人权、国际贸易体系改革等）的进入，到 20 世纪 80 年代，这种外交政策有了新的表现形式。总而言之，自主这一概念在不断增添新的内涵。

小方塞卡（Fonseca Jr.，1998：361）认为，"自主的含义因时间和空间的变化而变化，也因利益和权力地位的变化而变化。"在他看来，自主首先是指与西方阵营的行动和价值观保持一定的距离。其次，它还指对超级大国保持批判的态度。另外，在当今世界，自主不再意味着"远离"争论主题以避免国家卷入于己不利的结盟。恰恰相反，小方塞卡认为自主还被理解为"参与"，理解为借助巴西的外交传统，运用其价值观来影响外交议程的愿望。

罗素和托卡特利恩（Russel & Tokatlian，2003）按照同样的思路，但是用更偏向理论的方法研究指出，过去几十年来，全球化进程的加快大大改变了拉美国家所拥有的行动空间。这种新的全球环境要求对自主进行不同的界定，需要从对抗型自主（类似于疏离型自主）过渡到关系型自主（类似于参与型自主）：

> 这种自主应该被理解为一国与其他国家联手、自行做出决定和应对国内外不断出现的新形势新进程的能力和意愿。由此看来，拉美国家如今对自主的捍卫和扩张，都再也不能依赖国家或子区域的孤立、自足或对抗政策。这些政策现在要么不切实际，要么难以实施，而且还不得人心。（Russell & Tokatlian, 2003: 13）

关系型自主是指在制定国际规范和规定时有越来越多的互动、谈判和参与。自主"不再被界定为一国孤立自己和掌控外交事件及进程的能力，而是被界定为一国参与并有效地影响国际事务，尤其是在各种国际组织和制度中发挥作用的能力"。（Russel & Tokatlian, 2003: 16）

罗素和托卡特利恩（Russel & Tokatlian, 2003: 19）认为，关系型自主必须通过公众舆论的广泛参与和协商来实现，以增强制定外交政策过程中的民主性。而主权方面的部分让渡（对抗型自主的特征之一）则是为了形成有利于促进共同利益的制度和规范。由此我们不难发现有关积极参与现行国际制度的思想。

多元化自主

本节中，我们试图对自主概念做进一步探讨。在巴西，人们对有关"自主"论述的批评大多源于两个方面：一是因为这些论述出自外交家之手；二是因为他们的观点已经进入政治词汇，如杰尔松·小方塞卡大使所提出的"多元化自主"概念就是如此。有人认为，对于自主概念的探讨已经受到利己主义作者的玷污，因为他们的分析可能旨在为自己的思想、政治利益乃至官僚理论辩护。

不过，许多学者在自己的研究中也对自主问题进行了思考，杰尔森·莫拉、罗素和托卡特利恩就是其中的例子。他们影响了盎格鲁－撒克逊学者的研究成果，尤其是在 20 世纪 80 和 90 年代，阿德勒（Adler，1987）、埃文斯（Evans，1995）和赫雷尔（Hurrel，1986）的研究就说明了这一点。与此同时，我们并不认为参与涉及政策的讨论是一件坏事，只要态度严谨，避免不加鉴别地引用这些观点，这也是在探讨更为"科学"的问题时需要注意的方面。因此，与许多政治学著作不同的是，我们更看重本学科的政治和历史维度，而相对弱化其科学维度（这里是针对大量使用定量研究方法而言）。

我们将自主界定为使国家得以不受强国制约而独立地制定并实施外交政策的条件。该术语居于一个连续体之间，两端分别是绝对依赖（或结盟）和完全自主。显然，在两端的两个概念之间，存在着因自主和依赖此消彼长而程度不同的外交政策，尽管就巴西而言，自主的趋势更为明显。

在本书中，我们发现，国家追求自主的方式可以有三种：疏离、参与和多元化。在过去的历程中，还可能发现其他的途径，预测其他的发展。我们所讨论的这三种争取自主的不同方式在现实中互相交叉，在某些特定历史时期则相对更容易辨别。（Weber，1991）在本书中，实现自主的方式上的变化在过渡时期更为明显[1]，尽管在巴西近年来的外交政策中，追求自主是一个始终存在的概念——也许只有科洛尔·德梅洛总统在任期间某些明显与美国结盟的政策是例外。在巴西历史上，这些例外也并不鲜见：有些学者对二战后到1950年以及1964年军事政变到1967年这两个阶段进行了类似的分析。换言之，一个国家的外交政策在自主程度上可以有大有小，但由于自主总体上是巴西的目标之一，其外交行动的变化并非体现为与过去的决裂，而更像是一定深度的调整和程序变化，以使国家逐步趋近自己的目标，如对外自主和经济发展等。因此，我们所做的界定如下：

（1）疏离型自主：对重要国际组织（如世界货币基金组织、世界银行、关税贸易总协定等）的规范和原则存有异议的一种政策；对大国（尤其是美国）的自由化议程持反对态度的一种外交行为；相信在扩大国内市场和经济保护主义的引导下，能实现自给自足式发展；赞成维持现状，将抵制国际制度视为对世界权力的冻结。

（2）参与型自主：遵守国际制度（包括诸如世界贸易组织的具有自由主义倾向的制度），同时又不丧失掌控外交政策的能力。参与型自主的目的在于对支配国际体系的原则和规则的制定本身产生影响。认为通过这些途径能更有效地实现国家的目标。

（3）多元化自主：通过南南联盟使巴西遵循国际原则和规范，包括遵循区域性的原则和规范，遵循与中国、亚太地区、非洲、东欧、中东等非传统合作伙伴之间的协议。其目的在于减少不对称，并提高巴西在处理与美国、欧盟国家等更强大国家的关系中的国际谈判能力。多元化自主的一个重要特征就是能够与更强大的国家谈判而不造成关系破裂，从而打破单边主义，实现多极化和更大的平衡。

维拉斯科和克鲁兹（Velasco & Cruz，2007：20）的研究表明，在20世纪90年代，第三世界国家接受了通过"对市场的选择"来稳定经济的强硬措施。当时，根据对国家利益的明确构想来加强和指导经济建设的国家干预时代已经成为历史。当务之急发生了变化：必须削减开支，取消津贴，开放经济，为外来投资者创造有利环境，以便获得资金，进入国际市场。因此，如果自主战略是巴西外交政策的常量，那么追求自主的不同方式——疏离、参与、多元化——就是巴西在不明显背离外交传统的前提下适应国际国内变化的途径。

在本书中，我们研究三种自主方式的方法是以近代巴西外交政策史为基础的，但对分析其他发展中国家的外交政策也能形成启发，尽管不能将它们机械地照搬到完全不同的社会现实之中。我们的分析还可能有助于按照在本地区不断发展的拉美学术传统，解读第三世界国家的外交行动，因此可能具有规范性。

本书的意图不在于构建关于自主的理论，而仅仅是基于历史观察所做的分析。这种分析并非毫无疏漏，也绝不是最终的定论。它只是从巴西的经验出发，对世界所做的一种比较合理的阐释。我们的视角并非在任何时间和地点都有效。它是以其他学者的分析（Ayoob，2002：28）为起点而展开，意在对巴西外交政策这一在国际上仍然少为人知的话题进行探讨。希望教训会被吸取，希望其他学者会有意研究其他国家的经历，而本书会对他们有所裨益。

小　结

本章介绍了本书所使用的理论框架。我们已经从根本上将自主界定为一国不受美国等强国所施加的外在制约而实施外交政策的能力。自主的概念可以被视为一个介于完全自主和完全依赖之间的连续体。

我们认为，获得自主的方式有三种：疏离、参与和多元化。疏离型自主有两个特征，一是对霸权或处于支配地位的国家闭关锁国，以保护自己的主权；二是在外交政策上对发达国家的议程及许多国际制度明显持反对态度。参与型自主指的是接受主要大国所赞同的价值观，并参与自由主义原则指导下的国际组织。最后，多元化自主指的是以南南联盟的形式参与自由主义组织，以便与某些发达国家（尤其是美国）的议程相抗衡。多元化自主的特征在于避免回到自给自足的状态，并确保对抗态度不至于变成断交。

疏离、参与和多元化这几种手段可以相互结合，并可以不同程度地体现在同一外交政策之中。换而言之，某个特定历史时期的政策可能兼备疏离型自主和参与型自主的特点，这主要是在两种类型的过渡阶段。这些术语是为了将复杂的社会现象简单化而使用的分析工具。通常情况下，当我们从历史的角度分析巴西外交政策时，三个概念中的一个会比另外两个更加突出。

以上概念均蕴含于巴西外交传统之中。不过，这些战略并非总是能产生明显成效，如扩大贸易、吸引来巴直接投资、在国际组织发挥影响、巩固区域一体化的成果、在战争与和平问题上具有政治威望和影响等。战略或话语并非总是能成为政治实践，而政治实践也并非总是能带来具体成效。另外，即使战略的确得到实施，也需要假以时日才能对国家的外交政策产生直接影响。这些战略还必须与国家的实力、与其有形和无形的能力相匹配。在外交政策中，通常是先有战略、政治规划和言论，然后才有具体和可量化的变化。

注释：

[1] 换言之，这些概念会处于一个灰色地带，从而解释了彼此间的过渡和政治上的变化（Goertz, 2006）。

第二章
变革的压力：若泽 · 萨尔内的外交政策

引　言

有一个有趣的问题尚未得到国际关系学者的深入探讨，即政权的更替——比如军事独裁让位于平民民主——是否会立即带来外交政策的变化？就巴西而言，有人指出，"与前一届政府相比，若泽·萨尔内政府的外交政策主要是旨在延续"（Pereira，2003：91）。所以，在巴西，政权的改变丝毫未引起外交政策上的断裂。

我们认为早就可以预见，在军人政权结束之后，巴西的外交政策不会迅速发生巨大的变化。一方面，由于国家向民主的过渡是一个渐进的过程，外交政策上的重大变化也是循序渐进地发生的。另一方面，由于改革的压力太大，尽管萨尔内试图按照疏离型自主的思路来维持自己的外交政策，但到其执政末期，巴西显然已经走上新的外交之路。20世纪80年代后期，自由主义价值观已经占据主导地位，正从发达国家向边缘国家蔓延。

首先，我们将介绍萨尔内执政时期的巴西国情。接着，我们将对同一时期国际体系所发生的变化进行分析。最后，我们将讨论促使巴西改革其外交政策的四种情形：（1）巴西的外债延期偿还；（2）与美国的药品专利纠纷；（3）巴、美在信息技术方面的冲突；（4）巴西在关贸总协定乌拉圭回合谈判中的立场。

向民主的过渡与外部环境的变化

20 世纪 80 年代中期，巴西开始向民主过渡，结束了 1964 年通过军事政变而首次上台并持续了二十多年的军政府统治。世界目睹了苏联的剧变，即其社会主义体系崩溃和冷战结束。巴西正在变成一个民主国家，但也面临国内的经济危机，因为相对自给自足的现行经济模式形成于 20 世纪 30 年代，并以进口替代为基础，国家在其中发挥着重要作用，但这种模式如今已经走到尽头。

军政府时期的一些政策尽管难以改变，却已经过时。1987～1990 年间担任萨尔内总统国际关系顾问的塞沙斯·科雷亚认为，不可能与过去一刀两断，"必须要既大胆又掌握好分寸地做出方向上的改变"（Seixas Côrrea，1996：364）。

在 1984 年的"马上直选！"运动充分表达出民众的不满情绪之后，多数重要的政治和经济团体都认为，政府必须在巴西的社会行为体之间谋求最起码的共识，以避免出现制度的断裂。于是，在一些有利于政治和制度发展的方面形成了一致，如提倡新闻自由，遵守保护人权的正式法规，政治和政党多元化及各级直接选举，制定新宪法（将被称为《公民宪法》）并于 1988 年颁布，外债谈判，与南锥国家的政治经济一体化，等等。

两大重要举措为新共和国提供了支持，进一步巩固了它的合法性。第一项举措具有政治性，是一场深刻的立法变革，在宪法修正案要求 1986 年 11 月当选的代表举行制宪会议时，这场变革就已经变得不可逆转。随着新的《宪法》于 1988 年 10 月 5 日颁布，向民主的过渡达到顶峰。总统选举于 1989 年举行，新总统于 1990 年 3 月就职。第二项举措是在经济调整方面的不懈努力。1986 年 3 月，名为"克鲁扎多计划"的经济一揽子计划正式启动，其旨在抑制通货膨胀，当时的通货膨胀率已达到巴西有史以来的最高值。它的成效很显著，萨尔内总统也受邀为《外事》杂志撰文，对该计划及其使巴西参与国际事务的目标进行介绍。

在文中，萨尔内谈到在经历了二十年军事独裁之后，国民对他的任职所寄予的期望。这些期望还伴随着对政治和经济危机、高通胀、外债以及社会暴力不断增加等问题的担心。其时的当选总统是坦克雷多·内维斯，他本该成为自 1964 年军事政变以来的首位文职总统，却因病住院治疗无效，于 1985 年 4 月逝世，萨尔内随后才宣布就职。萨尔内自己也认识到民众对他信心不足，因为他在仕途上的发展得益于国家革新联盟（ARENA），而该联盟是 1964～1985 年巴西军政府统治时的执政党。（Sarney，1986a：105－106）

萨尔内在一个对他的合法性感到怀疑的国家走马上任，其间，国内还同时爆发了三大危机：政治－体制危机、经济危机和社会危机。

首先，军政府统治二十年来所建立的法律－体制机制依然在发挥作用。"所有的一切，包括政党组织、选举制度、劳动法、有关言论和信息自由的法律，乃至宪法，都需要改革。"（Sarney，1986a：107）

其次，巨额外债已经成为一个导致投资和贷款削减的重大问题。通货膨胀率达到历史最高水平，连续三年经济衰退，失业率居高不下，而且由于重视高能源产品的出口而忽视了粮食部门，还造成了粮食的短缺。（Sarney，1986a：108）

再次，受经济萧条和收入分配不均的影响，长期以来困扰着3000万巴西民众的贫困状况进一步加剧。失业率达到12%，工资实际水平大幅下降，儿童死亡率上升，还有饥饿和营养不良、成百万的弃童以及高得惊人的犯罪率等问题。（Sarney，1986a：108）

应对这三大危机的主要措施就是促进国家的经济增长，提高工资水平，增加就业岗位。因此，萨尔内总统反对部分人所支持的紧缩性货币政策，认为这会导致国内经济衰退，而该政策的拥护者却认为，它能让巴西承担起自己的国际经济责任。

不过，萨尔内开始提出摒弃自给自足式经济增长的战略，而代之以市场为导向的发展政策，前者是疏离型自主的标志之一，后者更倾向于参与型自主。一些与经济和外贸事务相关的国家机构开始对传统经济政策的成本收益比进行研究，保护主义思潮在渐渐弱化。国际环境发挥了影响，但巴西的部分精英阶层也在发生变化：

　　除了规避国家控制和出售国有部门资产等老观念之外，实现巴西经济私有化还需要大范围减少国家对经济的干预和调控。这是一种全新的姿态，经济的发展可以摆脱国家的家长作风，而由结构合理的私营企业来引领。因此，政府在经济中的仲裁者角色与其权威主义一起受到摒弃。（Sarney，1986a：111）

1986 年 2 月 28 日，萨尔内在国家电台和电视上宣布了"克鲁扎多计划"（亦称"经济稳定计划"），以应对困扰巴西的高通胀率问题。该计划由财政部长迪尔森·弗那洛负责制定，提出了一系列旨在缓解通货膨胀的措施，其中包括彻底取消工资指数化（即通货膨胀率上升时，工资会自动调整）和启用新货币，另外，还将实施广泛的物价冻结。

最后，鉴于美国在贸易问题上一直向巴西施压，并且没有支持巴西的民主过渡，萨尔内总统在其发表于《外事》杂志的文章中对美国提出了严厉批评，表明了两国在政治主张上的差距。

拉丁美洲

20 世纪 80 年代，巴西的经济发展经历了"失落的十年"（见图 2 - 1）。外债是当时最为重大的问题之一（见表 2 - 1 和图 2 - 2），但由于必须在资源短缺和经济上困难重重的情况下实现向民主的过渡，巴西未能在外债问题上实行任何一贯的政策。

在面临这些问题的同时，美国与巴西在信息技术和药品专利方面的纠纷以及关贸总协定乌拉圭回合的开始都给萨尔内政府带来了压力，促使其改变外交政策，尤其是在经济问题上。尽管也有阻力，但这些变化在萨尔内执政末期已经初见端倪。

巴西的再民主化是一个政治和制度变革的过程，萨尔内在

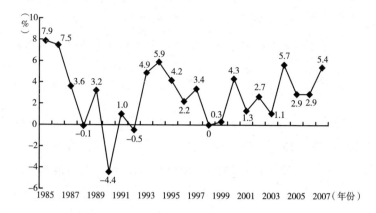

图 2 - 1 1985 ~ 2007 年巴西国内生产总值（GDP）变化

数据来源：巴西国家地理与统计局（IBGE）。

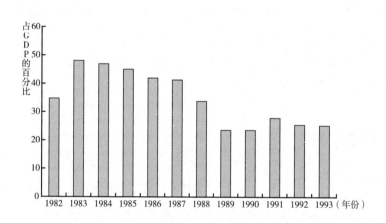

图 2 - 2 1982 ~ 1993 年巴西外债占 GDP 的百分比

数据来源：世界银行。

这一过程的推动下上任。人权问题可能是外交政策新方向的首要标志。1985 年，在平民政府上台后的最初几个月里，巴西相继加入了《圣何塞公约》（即《美洲人权公约》）、《联合国人权公约》和《联合国禁止酷刑公约》，因而重新加入了人权保护的国际体系。

表 2 - 1　1982～1993 年拉丁美洲外债

	1982 年		1983 年		1984 年		1985 年		1986 年		1987 年	
	美元(百万)	占GDP(%)	美元(百万)	占GDP(%)	美元(百万)	占GDP(%)	美元(百万)	占GDP(%)	美元(百万)	占GDP(%)	美元(百万)	占GDP(%)
阿根廷	43634	79	45919	75.3	48858	65.8	50946	78.8	52450	66.9	58458	74.6
玻利维亚	3328	101.4	4069	141.9	4317	167.6	4805	169.3	5575	151.4	5836	141.7
巴　西	92961	34.6	98341	48.3	105419	47.1	106121	45.2	113705	42.2	123837	41.4
智　利	17315	68.7	17928	87.6	19737	100.6	20384	126.1	21144	125.9	21489	110.1
哥伦比亚	10306	16.8	11412	25.1	12039	28.6	14245	37.8	15362	37.9	17008	40.2
厄瓜多尔	7705	64.2	7595	70.9	8305	82.6	8702	71	9334	83.9	10474	101.8
墨西哥	86081	52	92974	63.8	94830	52.9	96867	52.4	100889	78.2	109469	73
秘　鲁	10712	37.8	11343	52.4	12157	52.9	12884	73.1	14888	60.2	17491	64.9
乌拉圭	2647	27.9	3292	60.8	3271	64.2	3919	85.7	3906	61.6	4299	53.5
委内瑞拉	32158	32.9	38303	38.8	36886	48.4	35334	41.9	34340	47.3	34569	61.3

	1988 年		1989 年		1990 年		1991 年		1992 年		1993 年	
	美元(百万)	占GDP(%)	美元(百万)	占GDP(%)	美元(百万)	占GDP(%)	美元(百万)	占GDP(%)	美元(百万)	占GDP(%)	美元(百万)	占GDP(%)
阿根廷	58741	62.4	65257	118	62234	58	65397	45.4	67770	40.6	74473	40.3
玻利维亚	4902	115.2	4136	92.3	4278	96.6	4076	83.1	4220	79.5	4212	76.1
巴　西	115712	33.7	111373	23.6	116417	23.6	117350	27.7	121063	25.5	132749	25.1
智　利	19582	81.4	18032	61.4	19227	50.6	17947	34	19134	25.4	20637	26.4
哥伦比亚	16994	36.6	16878	35.5	17231	34.2	17337	28.3	17197	20.9	17173	19.5
厄瓜多尔	10746	111	11317	118.5	12109	114.9	12468	106	12280	94.9	14110	104.1
墨西哥	99213	57.2	93838	44.5	106026	41.2	115362	34.9	113423	29.3	118028	28.7
秘　鲁	18245	101.7	18583	64.8	20069	54.7	20719	37.8	20293	35.8	20328	32.4
乌拉圭	3821	45.2	5246	62.1	5850	66.7	6149	60.6	6659	54.6	7259	57
委内瑞拉	34788	54.1	32377	68.9	33170	52.1	34122	44.8	37774	47.4	37464	47.9

数据来源：世界银行。

　　民主国家形象的恢复为巴西更加积极地参与国际议题提供了思想基础。从这种意义上说，与古巴重新建交是萨尔内政府最先采取的措施之一。此外，巴西同意与阿根廷、乌拉圭、秘鲁一起加入"孔塔多拉支持集团"。孔塔多拉集团的四个成员国（墨西哥、哥伦比亚、委内瑞拉、巴拿马）为保障中美洲的和平而不懈努力，而"支持集团"则旨在与上述四国同心协力，表明这四个重要的南美国家为解决威胁该地区和平与安全的问题而参与外交斡旋。

作为该地区两个最重要的大国，巴西和阿根廷之间的外交关系一直体现为一种互不信任模式，而巴西的再民主化则对改变这种模式起到了决定作用。1979 年，巴西、阿根廷、巴拉圭三国就利用巴拉那河发电事宜签署了三方协议，自此以后，巴西与阿根廷的关系逐步得到改善。1985 年 11 月，劳尔·阿方辛总统与若泽·萨尔内总统会面，签署了《伊瓜苏宣言》，后来两人又于 1986 年 7 月签署了《经济一体化与合作计划》，从而开启了一个意义深远的谅解阶段，从战略上改变了两国关系。在两位总统的亲自推动下，经过一个较长的过程，终于有了成效，即 1988 年签署的《巴西－阿根廷共同市场条约》（1991 年 3 月发展成为《亚松森条约》，从而建立了"南方共同市场"）。该过程一开始，双方就宣布在核工业领域开展合作，而这恰恰是彼此猜疑最重的领域。此举转而对两国军队的关系带来有利影响，避免因掌握完整的核燃料循环技术——阿根廷在先，巴西于次年在后——而引起误解。以萨尔内总统参观位于皮尔卡尼耶乌的阿根廷秘密核设施为开端，两国相互公开了自己的核项目。

以下四个案例表明了萨尔内政府时期巴西所承受的国际压力。这些案例当时都是外交关系议程中的重中之重。鉴于国际压力，巴西不得不改变自己的外交政策——放弃疏离型自主的战略，逐渐适应参与型自主的思想。

巴西外债与延期偿还

1985 年，巴西国内生产总值增长 7.9%（见图 2－1），贸易盈余使国家有能力支付外债利息。但是，由若昂·菲格雷多总统领导的巴西最后一届军政府却未能达到1984年底至1985年初与国际货币基金组织商定的履行标准，因而将谈判推迟到了新的民选政权上台之后。

根据1984年的《卡塔赫纳协议》，拉美国家一致认为应该让发达国家的政府相信，债权国和债务国应该共同为该地区的债务问题担起责任，共同寻求解决方法，共同做出牺牲。

1985年9月，在国际货币基金组织和世界银行的年会上，美国财长詹姆斯·贝克提出了首个解决发展中国家债务问题的方案。该方案建议债权国、多边信用机构和私有银行为债务国提供新的资金，以便债务国能够发展，并重新开始偿还债务。但是，该方案的目的与可供实施的方式互相矛盾，因为它主张"通过增加债务来减少债务"（Veiga，1993：53）。尽管美国政府与各方在实施"贝克计划"方面正式达成一致，但除了以小额贷款的形式和每年向国际货币基金组织捐款之外，它并未承诺真正投入大笔资金。而私有银行本该承担大部分的投资，却毫无新增贷款的意愿。因此，"贝克计划"所设想的形式到头来反而让拉美国家更加气馁，这些国家在1985年威胁要中止利息偿还。在公布"贝克计划"的这次于首尔举行的国际货币基金组织和世界银行年会上，詹姆斯·贝克向迪尔森·弗那洛财长建议，如果巴西在信息技术政策上做出让步，美国将在外债问题上回报一定的好处。（Veiga，1993：55－57）

在各种建议之中，但凡要求巴西接受国际货币基金组织提出的条件的任何国际谈判，迪尔森·弗那洛财长都一概置之不理。1986年1月，外债谈判冻结，直到11月选出制宪会议的议员之后。但是 6 月，巴西签署了一项对 1985 年 60 亿美元债务的本金偿还进行重组的协议，并将 1986 年应偿还的 90 亿美元债务推迟到 1987 年。（Lehman & McCoy, 1992: 613）

1985 年，巴西的年通货膨胀率达到 235.13%（见第三章，表 3-1）。为此，弗那洛部长于 2 月 28 日提出"克鲁扎多计划"，以抑制所谓的惯性通货膨胀[1]，同时避免引发经济衰退。起初，该计划成效显著，但过了不久，通货膨胀又再度开始上升。

1986 年 11 月 21 日，"克鲁扎多计划 II"出台。其内容包括国有部门提价、私营部门选择性提价、关闭 15 家国有公司、提高利率及货币贬值等。由于第一期计划引发的普遍怀疑，民众对新计划也普遍不抱太高期望。

1987 年 1 月，迫于国内危机，萨尔内在不受国际货币基金组织项目或监管约束的情况下，与巴黎俱乐部[2]就重组外债事宜进行谈判。巴黎俱乐部在 1986 年一直拒绝谈判，但 1987 年 1 月同意巴西延期偿还 40 多亿美元，因为国际货币基金组织此前已向债权国政府去函，表示支持"克鲁扎多计划 II"所确定的巴西经济政策，尽管巴西与国际货币基金组织并无正式协议。

1987 年 2 月 20 日，巴西宣布暂时延期向国外债权人偿还中长期债务的利息。之所以做出延期的决定，是为了应对贸易盈余的恶化、国际储备的枯竭以及推迟不受欢迎或逆行性经济调整的需要。在国内，当时的劳工党（PT）领袖路易斯·伊纳西奥·卢拉·达席尔瓦、民主工党（PDT）主席莱昂内尔·布里佐拉等有影响的左派人物以及劳工统一中心（CUT）和工人总会（CGT），乃至巴西民主运动党（PMDB，当时最大

的党派）都支持债务延期，拥护萨尔内总统的决定。（Lehman & McCoy，1992：617）

1987 年 4 月，正值严重的经济危机之际，为了应对由此造成的政治压力，来自巴西民主运动党的布雷塞尔·佩雷拉被任命为新的财政部部长。他的目标是使年增长率达到 6%，并按惯例在国际货币基金组织的参与下进行外债谈判。但是，由于担心严重的经济衰退，圣保罗州工业联合会（FIESP）的商业领袖及其他劳工领袖们对国际货币基金组织的参与表示强烈反对。

由于缺乏谈判的可能性，布雷塞尔·佩雷拉未能达成新的国际协议。作为回击，银行实行严格的信贷限制，给巴西的收支平衡带来了负面影响，使其不得不大量减少外汇储备。

于是，布雷塞尔·佩雷拉提议"将现有债务部分转换或通过谈判而转换成新债券，保持票面价值但固定利率低于市场利率，或者按照市场利率但票面价值打折"（Bresser-Pereira，1989：6），但银行拒绝了这项提议。1987 年 10 月，布雷塞尔·佩雷拉提出另一项计划。他希望获得 104 亿美元的新贷款来偿还债务利息。对于财长的计划，银行再一次反应冷淡。银行的还价是巴西先支付 5 亿美元才重启谈判。银行的要求得到了满足，而且后来又进一步得到了 10 亿美元的付款。1987 年 11 月，银行与巴西签订了相当于临时债务协议的短期措施，双方的僵局终于宣告结束。

不过，银行继续施压，要求巴西偿还债务利息和接受国际货币基金组织的政策。银行和巴西一致同意由国际货币基金组织为巴西提供"咨询服务"，但布雷塞尔·佩雷拉再三拒绝将谈判与采纳该组织的政策相提并论。

在与萨尔内的私下交谈中，布雷塞尔·佩雷拉说，如果在1988 年 1 月之前仍然缺乏达成明确协议的可能，那么更明智之举就是与银行逐一谈判。但由于国内反对布雷塞尔·佩雷拉的声浪日益高涨以及通货膨胀失控，1987 年 12 月，财长宣布辞职，他说政府还没有"做好准备，以要求工人和企业做出有效的牺牲来认真地应对公共赤字"（Bresser-Pereira，1989：7）。

1988 年 2 月，新财长麦尔森·达·洛布莱加终于跟银行签署了一项协议。银行将向巴西提供 58 亿美元贷款以偿还旧债利息，同时恢复短期贷款，重组高达 610 亿美元的中长期债务。巴西承诺偿还过期利息，并推动国内的部分改革。

1988 年 5 月，国际货币基金组织的一个代表团抵达巴西，旨在帮助巴西从该组织争取一笔新贷款，并与私有银行签订协议——这些银行仍然要求先得到国际货币基金组织的许可才能签订协议。6 月初，国际货币基金组织同意提供一笔总数 15 亿美元的贷款。1988 年 6 月 23 日，银行顾问委员会签署一项重组 620 亿美元债务和提供 52 亿美元新贷款的债务协议。7 月，巴西与国际货币基金组织签署意向书，9 月，银行同意了这笔交易。

1988 年 8 月下旬，制宪会议做出国会应该批准外债协议的决定。洛布莱加注意到国内对该协议有反对意见，便抢在新宪法颁布之前，于 9 月 22 日迅速签字。这样，他就避免了向国会提交协议并等待正式批准的环节。（Lehman & McCoy，1992：634）

然而，由于政府未能实现经济紧缩，遵守国际协议并不容易。洛布莱加于 1988 年 4 月和 5 月实施的工资冻结措施被认为有违宪法。1988 年 10 月，缩减联邦预算的计划在国会未被通过，而在同一个月，工会与私营企业关于反通货膨胀社会公约的谈判也宣告破裂。

1989 年 3 月 10 日，乔治·布什总统的政府宣布了应对外债危机的另一项计划，即"布雷迪计划"。该计划最具实质性的内容就是赞成以下原则：如果债务国实行货币主义经济政策，并因此导致经济衰退，则可享受债务减免。（Veiga，1993：57－62）

1989 年中期，债权银行拒绝支付 6 亿美元，除非政府与国际货币基金组织达成新的协议。作为回应，巴西停止支付利息，这是一种间接的债务延期。1989 年 7 月，巴西暂停向巴黎俱乐部支付 8.12 亿美元的利息。因此，我们在下一章将会看到，在科洛尔·德梅洛执政期间，债务问题依旧是巴西议程上的重要问题。

药品专利争端

1987 年 9 月 14 日，当时的美国药品制造商协会（PMA）——现更名为美国药品研究与制造商协会（PhRMA）——主席杰拉尔德·莫辛霍夫表示，鉴于巴西作为发展中国家经济和外交领导者的地位，它已被美国制药行业和美国贸易代表办公室（USTR）选为采取行动的目标。（Lyrio，1994：43）这一说法证实了美国贸易代表办公室的观点，即认为改变巴西在知识产权方面的立场会有助于改变其他国家的同类政策，因为可以运用针对巴西的措施来对付那些认为专利法可以灵活变通的其他发展中国家。此前在美国的主导下，通过多边或双边谈判而形成了相关通用标准，而发展中国家被认为未能遵守这些标准。（Lyrio，1994；Tachinardi，1993）因此，这种压力有助于使巴西和其他国家相信，在关贸总协定之内，必须有更严格的国际知识产权制度，即《与贸易有关的知识产权协议》（TRIPS）。

已经开始对贸易伙伴采取强硬立场的美国贸易代表办公室也在敦促巴西修订其《工业产权法》（5.772/71 号法律）。20世纪 80 年代，美国贸易代表办公室和美国《贸易法案》（1974）经历了几点变化。由于美国药品制造商协会等美国组织所采取的行动，1984 年的《贸易与关税法》将知识产权保护与贸易明确挂钩。1984 年的修订给美国《贸易法案》增加了三个新特点。它使美国贸易代表办公室有权自行立案。它明确规定，对不保护知识产权者可依据"301 条款"采取法律行动。最后，它还将知识产权保护作为一个新标准，以决定是否维持或扩大一国根据美国普遍优惠制（GSP）所享受的优惠。（Sell，1995：172）

1984 年，代表 1500 多家公司的 8 个组织联合起来，成立了国际知识产权联盟（IIPA），呼吁制定更严格的规定，以保护全球专利所有者的权利。1984 年和 1988 年，该组织两次游说美国政府审议《贸易法案》的内容。国际知识产权联盟和美国药品制造商协会在美国游说，要求将尊重知识产权作为发展中国家享受普遍优惠制优惠的一个前提。（Sell，2002：174 - 175）

在 1986 年启动的关贸总协定乌拉圭回合谈判中，美国的立场最为雄心勃勃。参与谈判的有大约一百个成员，各自处于不同的发展阶段，政治观念千差万别，因此，期望在服务、投资、知识产权等领域达成广泛的贸易协议，似乎很不现实。

1988 年的《贸易法案》对美国贸易代表办公室的目标有明确陈述。关于知识产权，美国打算在关贸总协定的框架内制定一项比以往协议更为严格的新的国际制度。所以，美国政府的目标就是制定一项国际知识产权制度，对不遵守其协议规定和标准的成员国实施惩罚。（United States，2002b：1102 – 1103）

关于药品专利，美国贸易代表办公室接受药品制造商协会的要求，敦促巴西政府修改其知识产权法。1987 年 6 月 11 日，药品制造商协会向美国贸易代表办公室提交了一份诉求书，对巴西缺乏药品专利保护表达了不满。在诉求书中，美国药品制造商协会表示，美国贸易代表办公室应该行使"301 条款"，因为巴西的做法和政策不合理，限制了美国的贸易。根据这份投诉，美国药品制造商协会成员公司"在 1979 至 1986 年间至少损失了 1.6 亿美元，原因就在于巴西对药品发明未实施专利保护"（PMA，1987：168）。该协会认为，许多国家都对药品专利保护不够，但巴西的情况很特殊，它在医药产品和制药流程两方面都没有实施专利保护：

> 除巴西外，还有很多其他国家也拒绝对医药产品提供有效的专利保护。这些国家基于对他国产权的使用，为其明显不公平的政策提出了充分理由。在这些国家之中，巴西其实有独特之处，因为巴西的法律对药品和流程两者都不提供专利保护。（PMA，1987：173）

这份诉求书不仅有针对巴西的投诉，美国药品制造商协会还支持美国采取行动，制定更为严格的知识产权条例，认为很多发展中国家已经同意"为确保知识产权得到保护而制定一项新的国际法规"（PMA，1987：171）进行谈判。

1988 年 6 月，萨尔内政府表示愿意对制药流程实施专利，但推迟了药品的专利实施。这一措施未能使美国满意，因为美国还强烈要求巴西在药品上也实施专利，其原因在于，如果专利只限于制药流程，"国内公司通过逆向工程技术就可以生产出相同的产品"（Tachinardi，1993：110）。

萨尔内政府认为，最好的办法是拖延谈判，只有在无法避免的情况下才提议新的措施，因为当时存在一种观点，认为法律法规上的任何变化都会给国家带来损失。（Albuquerque，2000）这一策略使部分被认为有损国家在药品专利方面利益的措施得以推后，但也导致美国依据"301 条款"对巴西实行贸易制裁。这些制裁于 1988 年 10 月 24 日由里根总统开始实施，对造纸、化工及电子行业造成了影响。这是 20 世纪 80 年代巴西与美国摩擦最为严重的时期之一。（Presidential Documents，1988）

美国对其药品行业损失的测算并不合理。巴西的制药业只占有国内15% ~ 20% 的市场份额。（Tachinardi，1993；Lyrio，1994；Novaes de Almeida，1994）由此看来，报复巴西只是为了向其他国家表明，为了建立具有更严格的国际标准和规定的知识产权保护体系，美国已经做好与主要贸易伙伴交锋的准备。不过，很多国家对美国采取的单边行动持保留态度。而印度和埃及等许多发展中国家则反对美国依据"301 条款"对巴西进行的单边报复。接着，欧盟也开始支持巴西。在这场巴美冲突中，欧盟和日本都可以坐享渔人之利，因为结果一旦有利于巴西，就会对美国贸易代表办公室的单边行动造成打击；如果有利于美国，则制定更严格的国际知识产权规定的可能性就更大。（Lyrio，1994：53）

1988 年 12 月，随着国际社会支持的声音越来越高，巴西政府请求成立专门小组对美国的制裁展开调查。但成立关贸总协定专门小组需要得到所有成员国的一致同意，这就意味着不可能对巴西的情况展开调查，因为美国一定会否决巴西的请求。1989 年 2 月，尽管多数国家——多达 50 个——都支持巴西的请求，当时已经是乔治·H. W. 布什执政时期的美国还是一意孤行，反对成立专门小组。

随着争端的持续，美国呼吁对知识产权开展广泛讨论，而由于针对《与贸易有关的知识产权协议》的谈判陷入僵局，当时的讨论实际上处于瘫痪状态。（Lyrio，1994：53）

因此，制定有关知识产权的国际制度（《与贸易有关的知识产权协议》）虽然符合制药业的长远目标，但其主要目标还是在于恢复美国的经济竞争力。所以，美国在追求自己的目标，但是也需要其他成员国的明确同意。就巴西而言，美国的压力促使它逐渐制定更灵活的知识产权法，并开始改变在关贸总协定乌拉圭回合谈判中的立场。

信息技术争端

1985 年 9 月 7 日，正值巴西独立日，罗纳德·里根总统在其每周的广播讲话中，部分内容涉及这一南美国家："我已指示美国贸易代表对巴西的一项法律提起诉讼，因为该法律限制了美国计算机及相关产品的出口，并使在当地经营的部分美国计算机公司受到排挤"（Reagan，1985）。

这一事件是基于1974年《贸易法案》的"301条款"，它的提出在某种意义上是一种策略，旨在"（使美国）加快步伐，进一步开拓海外市场，并通过增加出口来创造就业机会"（Reagan，1985）。由于美国国会于1984年通过了《贸易与关税法》，使这一策略成为可能。里根总统对巴西的不满首先是因为巴西"限制了美国计算机及相关产品的出口"（Reagan，1985）。这一事件正式宣布时，美国的出口既没有取消，也没有减少。问题只是其出口的增速低于巴西市场的增长。

1974年《贸易法案》的"301条款"规定，如果"其他某个国家的法案、政策或行为不合理，或对美国贸易构成歧视、负担或限制"，则美国贸易代表办公室应该"采取一切可能与适当的行动……"这些行动不仅仅是针对被认为不合法的商业行为，还针对"不合理"的行为："任何法案、政策或行为，即使不一定与美国在国际上的合法权利相违背或不一致，只要其存在不公正和不公平，就是不合理的"（United States，2002a）。

那些更有可能遭受损失的公司是已经在巴西进行大量投资的公司，比如国际商业机器公司（IBM）和巴勒斯公司。它们已经适应了巴西的限制性政策，因而最容易因美国法律的变化而受到影响。

即使一年之后，美国也没有向关贸总协定提起诉讼，这表明美国政府也相信，如果两国根据关贸总协定的规定进行谈判，巴西可能会占上风。当时的美国国务院官员和美国驻巴西经济事务领事拉尔夫·巴克认为："在关贸总协定内部开展此类（计算机）问题的谈判是不可能的……最好是进行双边谈判。"[3]巴西驻关贸总协定大使鲁本斯·里库佩罗清楚地表达了巴西的观点，表明一连串的争端和对巴西的报复"只不过是一个明确的信号，告诉巴西政府必须改变在关贸总协定的谈判立场"（*Gazeta Mercantil*，1988）。

1985年9月的事件[4]——包括计算机市场争端在内——涉及多项政策，明显可以被视为一种日渐衰落的霸权主义典型。"301条款"所选中的国家不仅被指违背了自由贸易的规则，还被视为成功或潜在的对手，它们在处理与美国这种崇尚公平竞争的国家的关系时，涉嫌采取新重商主义行为来提高自己在国际等级体系中的地位。（Evans，1989：221）

阿德勒认为，有一种"'实用主义反依赖'思想在部分巴西人中很流行，巴西的计算机政策正是归功于他们"，该政策主张通过技术自主来减少对他国的依赖，而实现技术自主的途径则是"控制外国技术和投资，培养国内创新能力，以及旨在将国内工业与科技基础设施联系起来的国家直接干预"（Adler，1986：675）。

在巴西看来，正如萨尔内总统所言，美国似乎想"将其他国家冻结在它们目前的科技发展阶段"，从而使它们生产"科技含量低的简单制成品"（Sarney，1986b）。

根据"301条款"的规定，美国贸易代表办公室有一年的时间可以向总统提出建议，总统则可以根据自己的判断采取行动以挽救局势。几乎所有基于"301条款"而提出的事件都在生死攸关的截止日期之前通过谈判而得到解决，但计算机市场争端却由于巴西国内的局势及事件本身的示范意义而不同。在宣布该事件后的半年之内，巴西的反应微乎其微。巴西计算机行业协会（Abicomp）的代理方华盛顿法律事务所开始了对美国贸易代表办公室的法律行动，但巴西政府没有做出回应。

最后，1986 年 2 月，在加拉加斯举行了一场特别会议，由贸易代表迈克·史密斯率领的美国代表团和由信息产业特别秘书处（SEI）副秘书长若泽·艾泽率领的巴西代表团出席了会议。

从本质上说，巴西代表团愿意听取美方的不满，但无权进行任何谈判。负责此案的双方代理都认为，这场争端是一场经济原则的冲突，而不是一个有待谈判的外交问题。时任财政部经济政策司司长的路易斯·贡萨加·贝鲁佐指出，"我们从来不能拟定议程，而总是分别谈判。"再者，"只要我们讨论市场储备、知识产权或诸如对巴西出口报复的任何其他话题，就一定会涉及巴西外债等问题……而萨尔内不想解决任何问题。"[5]

在美国，牵头的机构是商务部和贸易代表办公室。而在巴西，该案从官方角度虽然属于外交部管辖范围，但实际负责的却是信息产业特别秘书处——这是为了实施计算机行业市场保护政策而于 1979 年专门成立的一个机构，它强烈希望维持这项政策。

1986 年 4 月初，美国国务卿乔治·舒尔茨开始了与巴西外交部的直接对话。在写给阿布雷乌·索德莱部长的信中，舒尔茨表示，美国感兴趣的不是改变巴西的法律（可这似乎正是里根广播讲话中的主要目的），而是在执行法律时更为灵活。（Evans，1989：27）

继舒尔茨和索德莱通信之后，美国副国务卿约翰·怀特黑德于 5 月底访问巴西。此次访问具有安抚性质，为双方将于 7

月 2 日在巴黎举行的会议做了铺垫。贸易代表克莱顿·尤特是美国代表团团长，而巴西代表团则由外交部常务副部长保罗·德·塔索·弗莱夏·德·利马率领。巴黎会议开启了一系列的秘密会晤，从而将一场贸易争端变成了一件国事。

1986 年 9 月初，在巴西刚刚实现民主化不久，萨尔内总统作为一名旗开得胜的国家首脑访问了华盛顿，《纽约时报》为此发表了一篇社论，题为《敬佩巴西，然后谈判》。

更能说明问题的是关于软件的争议。对在巴西运营的美国跨国公司而言，在巴西的环境下，缺乏对软件的充分保护才是最具威胁性的因素。其程序的知识产权被巴西国内的公司所利用，这对诸如美国国际商业机器公司（IBM）、数字设备公司（DEC）、通用数据公司等跨国公司来说，简直是一场噩梦。

尽管双方的关系持续紧张，屡遭挫折，但争端的各种压力最终并未造成公开的破裂。萨尔内通过国家信息产业和自动化委员会（Conin）终于批准了一项可以接受的关于软件的提案，其中包括对版权的保护。当一年的审议期截止时，里根总统宣布，尽管巴西的政策对美国贸易造成了损害，他还是会等到 1986 年底才做出最后的决定。

10 月中旬，国际商业机器—盖尔道（IBM-Gerdau）[6] 合资公司被信息产业特别秘书处正式批准为"国民公司"，具有与巴西政府签订合同的资格。11 月初，信息产业特别秘书处开始实施"管理改革"，以提高处理公司诉求的效率。公司的关切包括成立一个美巴特别小组，审议美国公司提出的具体要求。

1986 年 12 月初，萨尔内的新软件法案被提交给国会。到 1986 年底，巴西在政治上显得更加脆弱，作为一个"明确的工业化国家"的威胁性也明显降低。物价冻结引起的物资短缺使巴西不得不进口牛肉和其他食品，导致其对美贸易顺差减少了一半。因此，其外汇储备急剧下降，巴西偿还外债的能力已值得严重怀疑（参见前文）。

1986年11月30日，白宫宣布将放弃对计算机市场的调查，只有软件和投资方面例外，对这两个问题的法律行动将推迟到1987年7月。半年的延期即将结束时，巴西国会通过了一项保护软件的法律，在美国政府看来，这项法律"充分回应了美国对软件版权保护的关切"[7]。当根据调查做出决定的期限截止时，里根总统中止了该案有关知识产权的调查，但要求贸易代表办公室对投资问题继续调查，尽管没有规定期限。

事发初期，未在巴西投资的公司只是偶尔介入，但自1987年起，随着冲突的延续以及政府不让步的决心更加明确，新的公司也加入到争议之中。（Evans，1989：231）1987年10月，信息产业特别秘书处拒绝了六家巴西公司关于微软MS-DOS使用许可的申请，理由是巴西已经开发出类似软件。微软的利益再度激起对软件问题的关注，而软件问题这时已成为整个事件的核心所在。与此同时，作为尚未进入巴西市场的少数重要的跨国公司之一，苹果公司也开始担心信息产业特别秘书处能否批准其新机型MAC 512为合法的巴西产品。

到1987年11月中旬，作为对加入这场争端的多家跨国公司利益的部分回应，美国政府决定对巴西出口到美国的价值1.05亿美元的商品征收惩罚性关税。

国家信息产业和自动化委员会发现了一个既满足美国利益又不与信息产业特别秘书处直接矛盾的办法，即确定MS-DOS 3.3（但不包括3.1和3.2）没有类似的巴西产品，因此可授予许可证。而信息产业特别秘书处则认为不能批准 MAC 512，除非巴西生产商证明可以独立开发更多的软件系统。（Evans，1989：232）

1988 年底，也即里根总统 1985 年 9 月 7 日发表声明三年之后，美国虽然未能迫使巴西官方废除《信息技术法案》，但还是获得了部分让步。这是将来可能取得成效的一个实例，正如 1984 年《贸易与关税法》所确定的那样。在 1987 年 6 月 19 日接受采访时，萨尔内总统阐述了其政府新的指导原则："巴西计算机行业的市场保护政策已经过了头，阻碍了国家的现代化经济发展。"（*Gazeta Mercantil*，1987）他由此进一步表明，在该领域将采取新的措施。1989 年 10 月 6 日，美国政府决定结束根据 1974 年《贸易法案》"301 条款"对巴西展开的调查。

巴西和关贸总协定[8]

从 1986 年乌拉圭回合谈判开始，至少到 90 年代，针对巴西计算机行业的市场保护政策及缺乏对药品专利的保护，美国一方面威胁要实施报复，另一方面又与巴西展开谈判（见本章第 2、3 节）。

自 1982 年开始酝酿发起关贸总协定（GATT）乌拉圭回合谈判，到 1986 年埃斯特角城部长级会议之后举行的首轮会议，这段时间既体现了富裕国家的立场，也说明了巴西的立场。在 1982 年部长级会议到 1988 年中期评审期间，发达国家提出了新议题，并对特殊和区别化待遇进行了质疑——根据这种待遇，穷国由于发展阶段较低而可以享受特殊优惠。在这同一时期，巴西对这些所谓新议题的可行性与合法性提出了质疑，并为保持特殊和区别化待遇做出了努力。

从 1988 年蒙特利尔中期评审会议之前几个月开始，到 1990 年布鲁塞尔部长级会议，发达国家与巴西两方的态度开始渐趋一致。从布鲁塞尔会议到 1994 年马拉喀什会议期间，主要的冲突发生在欧盟和美国之间。大国与边缘国家之间的纠纷在程度上已经减弱。就巴西而言，1987～1988 年间，它不再质疑新议题，而是尽量通过更具体的提议进行商讨。

当时，巴西因为发展模式而受到严厉的批评。1986 年萨尔内访问华盛顿期间，里根的一席话清楚地表明了这种压力。在美国总统看来，"任何国家如果不向外来竞争开放自己的国内市场，就不可能指望继续向他国自由地出口"（*Gazeta Mercantil*，1986）。在面临严重外债危机的情况下，出口量的下降将意味着用以偿还债务的外汇的减少。

在乌拉圭回合谈判的背景下，巴西在 1988 年中期评审前夕承受了巨大压力，巴西驻关贸总协定（GATT）大使对媒体说出的一段话记录了这一点：

> 巴西代表鲁本斯·里库佩罗大使称，尽管 12 月的中期评审日益临近，谈判却至今未能满足第三世界对"均衡结果"的期望。里库佩罗还表达了对违反延期偿还协议的担忧，并以美国作为明显的例证，因为美国宣布拟对巴西的部分出口商品实施单边限制措施，据称是因为巴西药品行业对专利的所谓保护不力。美国的行为不仅是对延期协议的明显违反，也是给巴西施压的一种手段，想使其改变在《与贸易有关的知识产权协议》谈判小组中的立

场。(*Suns On-line*，1988)

1988 年 8 月，巴西政府就专利问题向关贸总协定秘书处提交了一份文件，更清楚地表明了美国对巴西施加的强大压力。文件强调了美国对关贸总协定规定的无视以及巴西对其出口的担忧：

> 1988 年 7 月 2 日，美国政府宣布拟对大量巴西出口商品实施贸易限制，因为巴西的专利法对美国制药业造成了所谓损害……这种单边的歧视行为是对总协定条款的公然蔑视。美国政府公开此举的意图是强迫巴西修改其存在已久的法律。这种法律与知识产权方面的相关国际惯例完全一致……上述措施一旦实施，将会对双边贸易造成严重危害。仅仅是公开宣布这一行动，就已经对巴西的出口利益造成了严重损害。(GATT，1988)

这段话似乎表明，在有关巴西立场的问题上，巴西驻日内瓦代表团对美国的威胁做出了负面回应。其实，巴西的立场已经开始改变，渐渐倾向于接受新的协议，尤其是在知识产权方面。在当时的情况下，巴西很难回避与版权和服务相关的新协议的谈判。就正在制定的新制度而言，美国的威胁的确影响了巴西的立场。它调整了自己的外交政策，在更大程度上接受了具有自由主义性质、符合参与型自主理念的国际规范。最后，从 1988 年起，巴西似乎明确地改变了自己的战略。它已经毫无余地，只要维护特殊和区别化待遇，就无法避开有关服务和知识产权的谈判。因此，必须减少新协议所带来的义务，以保护国内的立法能力，并防止公共政策根据巴西根本无法控制的规定而出现进一步的国际趋同。

面对外部的压力，巴西驻日内瓦代表团既意识到谈判的必要性，又尽力减少新的国际义务，正如下面这份 1992 年的机密文件所示：

> 在贸易和其他方面，与知识产权、补贴、安全保障、投资措施等相关的文本，虽然整体上可以接受，但也可作局部修订（由巴西提议），以便更全面地保护我们的商业利益以及/或者减少我们因谈判达成的协议而不得不承担的义务，在某些情况下，这些义务意味着修订相关的国内法律。[9]

关于巴西在乌拉圭回合的立场变化，外交官里库佩罗和迪多莱特（1995）解释了其中的理由，从而也证实了我们的观点。该报道清楚地显示了巴西在美国压力下的困境和焦虑。在这种意义上，坚持疏离型自主的老观念变得越来越艰难。因此，巴西必须加强其参与性，同时提高在国际层面更有效地进行谈判的能力。

> 巴西贸易自由化的单边性质常常受到批评，因为它从未谈成任何条款作为回报……需要指出的是，贸易壁垒的打破是源于巴西自身的直接利益，而不是对他国利益的让步……当巴西的国际收支得到改善时，工业化合作伙伴便开始施加压力，对此我们也不可低估……正是因为 1990 年 3 月采纳了取消非关税壁垒的决定，巴西才避免了一场

与美国之间的严重争端……所以，巴西不可能继续使用其贸易保护主义武器而不受惩罚。相反，如果没有实现自由化，贸易冲突可能就会严重影响了巴西的贸易业绩。（Ricupero & Didonet, 1995：118）

我们认为，这种战略上的变化是巴西寻找到的一种在实施外交政策时坚持自主的方法，与此同时，它还可以提高其国际参与度。高层决策者渐渐相信，越是遵循现行的国际制度，就越能对国际决定产生影响。

小　结

在本章中，我们发现巴西受到了来自美国政府和许多公司的强大压力。一方面因为这些压力，另一方面也因为全球化进程加快和冷战结束而带来的国际体系的变化以及巴西国内的民主过渡，到萨尔内政府末期，巴西的外交政策发生了深刻的变化。这些变化使巴西不可能继续实施以疏离型自主为导向的外交政策——那是自20世纪30年代热图利奥·瓦加斯总统执政以来一直以不同形式所奉行的政策。

有些变化是由于国内因素所推动，并影响了巴西的外交政策。为了符合其作为一个更民主的国家的形象，诸如人权、环境保护等问题开始在巴西的外交政策中发挥重要作用。在军政府时期，拉美各国的外交政策都强调其冲突性的方面，当该地区的军政府被民主政权取代后，曾经的紧张局势得到缓解，从而在一定程度上推动巴西寻求改善与拉美邻国的关系。正如第六章所述，追求更大范围的区域一体化不仅是为了增加彼此之间的贸易，而且是为了提高这些国家的谈判和参与能力，使它们在国际场合团结一致。萨尔内政府期间最重要的成果是极大地密切了与阿根廷的关系，这已经成为一条新的、长久的指导原则。

巴西外交政策的其他变化源于国际（尤其是美国）的压力。因此，在本章中我们试图表明，以上分析的四个案例——外债谈判、药品专利争端、信息技术行业争端、关贸总协定乌拉圭回合谈判——是很好的例证，说明在国内正经历严重的经济危机和政治体制转变的时期，由于国际的压力，巴西不得不改变其外交和内政政策。从这种意义上说，国内和国际的双重压力使巴西不可能保持孤立和排外，缺席由中心国家所主导的谈判并不是一个可行的选择。

本章分析的四个案例证明，到萨尔内政府末期，以疏离型自主理念为导向的战略开始让位于参与型自主的战略。

第一个案例中，巴西与美国、私有债权银行及国际金融机构的艰难谈判使巴西做出调整，渐渐从发展主义和自给自足政策向更具自由主义的政策倾斜。这些政策的实施不仅是外部压力的结果，也是出于摆脱进口替代经济模式的需要。在专利问题上，美国政府认为巴西的知识产权法律不公平，其施加的压力促使巴西政府考虑修改这些法律。就计算机行业案例而言，巴西必须改变其保护主义法律，向美国和其他国家的计算机行业及服务业开放市场。最后，鉴于以上种种压力以及美国拟对巴西取消普惠制待遇的威胁，巴西不得不同意将知识产权、版权、服务、投资等"新议题"纳入多边贸易谈判的议程。在战略上的这些不由自主的变化使巴西不再试图阻碍美国的议程，而是采取一种更为灵活的立场，以便接受国际辩论中的现行理念，从而期望未来能够对世贸组织的议程和决策产生影响。

注释：

[1] 惯性通货膨胀指的是通货膨胀黏性，其当前指数等于过去指数加上未来预期。如果没有指数化调整机制引起的通胀加速，通货膨胀将保持在同一水平。这些机制可有正常和非正常之分。正常机制的例子可以是具体和合法的增长规定，如租金、学费等；非正常机制的例子包括跟风涨价。在巴西，20 世纪 70 和 80 年代的高通胀时期，各种合同都有自动适用的更正条款，这就导致民众的一种通胀预期行为：即使没有需求或价格的压力，也将通胀率转移到下个月。

[2] 巴黎俱乐部是一个由发达的债权国家组成的非正式组织，负责与处于经济困境中的债务国谈判。

[3] 拉尔夫·巴克，1991 年 5 月 23 日接受杜鲁·维也瓦尼的采访。

[4] 计算机市场案例并非肇始于 1985 年 9 月的唯一案例。里根宣布对韩国因其对美国保险公司的限制而展开调查，并对日本因对美国烟草的限制而展开调查。同时加快了正在进行的针对欧盟水果罐头补贴和日本限制皮革制品进口的调查。

[5] 路易斯·贡萨加·贝鲁佐，1991 年 4 月 6 日接受杜鲁·维也瓦尼的采访。

[6] 盖尔道集团是起源于巴西的一家跨国公司，主要投资钢铁行业。

[7] 时任美国总统媒体关系助理的菲茨沃特于 1987 年 6 月 30 日就巴美计算机相关贸易所发出的声明。

[8] 本节参考了费利西亚诺·吉马良斯的研究。

[9] "乌拉圭回合：谈判的现状与巴西的立场"，巴西当代历史文献研究中心/瓦加斯基金会，no 0041227332834，Ref. MMM METP 1991.06.14，Doc.26，p2。

第三章

多事之秋：科洛尔 · 德梅洛和
伊塔玛尔 · 佛朗哥的外交政策

引 言

费尔南多·科洛尔·德梅洛执政（1990 年 3 月至 1992 年
12 月）是巴西近代史上的一个重要时期。这不仅是因为他的
弹劾过程给巴西的政治生活留下了难以磨灭的印象，还因为科
洛尔·德梅洛所发起的巴西外交政策上的变革一直延续下来，
尽管伊塔玛尔·佛朗哥、卡多佐和卢拉等几届政府相继进行了
修订和调整。其中最重要的变革包括向世界贸易开放巴西市场
以及在国际舞台上公开为自由贸易辩护——这是参与型自主的
标志之一。

科洛尔·德梅洛的外交政策虽然常常被理解为不过是对美
国的"自动依附"（Batista，1993），但对有关它抛弃了巴西外
交 的 传 统 自 主 范 式 一 说 （Cruz Jr.，Cavalcante & Pedone，
1993；Hirst & Pinheiro，1995；Campos Mello，2000），还远远
没有达成一致。

科洛尔·德梅洛政府的科技部部长艾利欧·雅瓜里贝

（Hélio Jaguaribe，1996：31 - 32）认为，政府的外交政策经历了两个不同的阶段。起初，它舍弃盖泽尔政府所强化的外交政策，寻求与发达国家的观点和价值观保持一致。随着1992年4月的部长改组和塞尔索·拉费尔被任命为外交部部长，巴西与南锥国家的关系更加密切，体现了圣·蒂亚戈·丹塔斯为独立外交政策所奠定的理念的复兴。

这种转变是否完全归功于科洛尔·德梅洛还有待确定。卡纳尼（Canani，2004：41）指出，"伊塔玛尔·佛朗哥政府简单——虽然带有几分犹豫——地延续了科洛尔·德梅洛政府的政策。它还经历了由于总统宝座不稳而引发的重大困难，这些困难一直持续到'雷亚尔计划'的诞生。"不过，"由于过于关注伊塔玛尔·佛朗哥本人，政治分析家们没有看清其政府的根本方向，忽略了20世纪90年代中期巴西政治的整体复杂性"。

我们的观点是，由于一方面面临严重的政治经济动荡，另一方面两人任职时间都很短暂，外交部部长也更换频繁，科洛尔·德梅洛和伊塔玛尔·佛朗哥两届政府都未能制定清晰而连贯的外交政策。在国内，局势动荡的主要原因在于回归民主所带来的压力、进口替代经济模式的崩溃以及金融危机。而在国际上，冷战的结束、所谓经济全球化的加快以及美国对其贸易伙伴的不断变化的立场成为变革的主要动力。尽管局势不稳，外交部部长塞尔索·拉费尔（科洛尔·德梅洛执政时期）、费尔南多·恩里克·卡多佐和塞尔索·阿莫林（两人先后在伊塔玛尔·佛朗哥总统手下任职）后来却在巴西的政治舞台上占据重要地位，并利用他们已有的经验为巴西外交政策的路径做出了清楚的规划。

本章内容如下：（1）回顾科洛尔·德梅洛外交政策的要点；（2）探讨同一时期外交部（MRE）的作用；（3）分析1992年以来巴西外交政策的观念变革；（4）讨论导致总统被弹劾的主要缘由；（5）分析佛朗哥上台时的国内外局势；（6）讨论佛朗哥在多大程度上延续了科洛尔·德梅洛所发起的外交政策变革。

科洛尔·德梅洛的外交政策

"现代化""竞争性地参与国际经济"以及争取"在第一世界拥有一席之地"等，意味着外交政策在巴西所希望的改革中处于中心地位。这也是科洛尔·德梅洛在1989年竞选时所确定的目标。

在时任外交部负责外交政策的副部长马库斯·卡斯特里奥托·德·阿赞布雅看来，巴西"越来越多地、竞争性地参与"国际经济是"巴西经济结构改革进程的基本组成部分"。这些改革会使巴西工业实现现代化，并"清理"公共财政，降低国家的作用，取消经济调控，刺激自由企业发展和加大科技能力建设。（Azambuja，1990：1-2）

赫斯特和皮涅罗（Hirst & Pinheiro，1995：6）指出，科洛尔·德梅洛的外交政策有三个主要目标：与知识产权、环境、人权、敏感技术等新的国际主题和行为保持一致，实现巴西国际议程的现代化；建立与美国积极对话的机制；消除巴西的第三世界形象。与南锥国家的关系得到保持，其突出表现就是1991年3月签署《亚松森条约》，由此诞生了南方共同市场（简称"南共市"），巴拉圭、乌拉圭和阿根廷均参与其中。

由于总体体现所谓公开区域主义特性及贸易政策的调整，南共市的特征也会有所变化。

就发展中国家而言，这种新的定位比较得当，不至于引起反第三世界的公开言论。巴西既没有退出"77 国集团"（G‐77）[1]和当时刚成立不久的"15 国集团"（G‐15）[2]，也没有正式放弃不结盟运动观察员国的地位。相反，在 1990 年 6 月 15 日举行的"15 国集团"第一次会议上，巴西外长弗朗西斯科·雷塞克建议在外债问题上统一立场。这与阿根廷的态度相反，因为阿根廷当时反对成立"债务国俱乐部"。它建议"15 国集团"考虑环境问题以及全球生态危机的严重性。（Campos Mello，2000：84‐85）与此同时，科洛尔·德梅洛政府的外交言论还清楚地表明，除了与南锥邻国的关系之外，其新的侧重点放在与发达国家的关系上。雷塞克说："国际关系是以交流原则为基础的，但事实上，大部分的贫穷国家能够提供给我们的东西少之又少。"（*Jornal do Brasil*，1990）。

用科洛尔·德梅洛的话说，这种立场不仅仅是"追求在第一世界拥有一席之地——因为说到底，随着第二世界的淡化和第三世界的多元，这种思想在很大程度上已经失去意义"。它旨在"表明不管是在直接还是间接的意义上，我们都无法置身于这些谈判之外，我们必须参与其中，从而使我们所关心的问题被纳入更广泛的议程，并得到平稳的解决"（Azambuja，1990：18）。阿赞布雅副部长曾经谈到了后来被定义为参与型自主的思想，他说：

> 巴西进一步对世界开放也与对国际形势的更大关切有关，这是一种新机遇和不确定性并存的国际形势……

在一个相互依存、正经历着前所未有深刻变革的世界里，没有哪个国家能完全抵抗国际环境的风险，也没有哪个国家能放弃其提供的大量合作机会。（Azambuja，1990：18-19）

在贸易政策领域，自由化计划旨在取消大部分非关税壁垒和简化进口许可证制度。它还力图改革出口激励政策，推行一项降低关税的计划，旨在到1993年10月将平均关税从32%（最高关税为105%）降至14.2%（最高为35%）。（Abreu，1997）自由化还减少了进出口中的官僚行为，废除了国家对小麦、咖啡和糖的贸易管制。需经政府批准的进出口产品的数额大大降低，电子产品的非关税保护也被废除。

与此同时，针对多边贸易政策，在1990年关贸总协定乌拉圭回合的最后阶段，巴西已明显表现出新姿态，尽管巴西立场的转变自1988年就已露端倪。

阿布雷乌（Abreu，2001：94）指出，1989年，10国集团（G-10）[3]的立场已经显示出不和谐迹象，主要是因为"……在纺织品和《与贸易有关的知识产权协议》（TRIPS）谈判中的意见分化"。围绕《与贸易有关的知识产权协议》的讨论所针对的问题在于：关贸总协定和世界知识产权组织这两者之中，哪一个更适宜作为谈判机构。起初，发展中国家（尤其是巴西和印度）反对美国关于将国际知识产权纳入关贸总协定谈判的提议，不过，"随着印度的反对之声减弱，发达国家的立场逐渐占据上风……"（Abreu，2001：94）

舒克拉（Shukla，2002）认为，印度和巴西最后之所以接受美国的观点，同意扩大关贸总协定的范围，是因为美国对其贸易"对手"采取了单边措施。首先，1988 年，美国政府因药品专利而对巴西实施了制裁。其次，1989 年 5 月，印度也成为报复的对象。另外，两国国内的政治局势也令人担忧，削弱了它们在国际舞台上采取更强硬立场的能力。于是印巴同盟弱化，导致相互商讨时缺乏协调，从而引发两国间的互不信任。由此一来，发展中国家的立场开始动摇，而发达国家则在谈判中有了可乘之机。(Shukla，2002：265)

敏感技术方面也明显表现出新动向。就在科洛尔·德梅洛总统参加 1990 年 9 月的联合国大会前几天，卡欣布山核武器试验基地举行关闭仪式，表明巴西单边放弃进行核试验的权利，尽管这种核试验是以和平为目的的。

科洛尔·德梅洛政府外交政策的其他标志性事件包括：签署关于成立巴西－阿根廷核材料衡算和控制机构（ABACC）的协议；与阿根廷、ABACC 及国际原子能机构（IAEA）签署关于核保障的《四方协议》；提议修订《拉丁美洲和加勒比禁止核武器条约》（也称《特拉特洛尔科条约》）——该条约最初是由巴西、智利和阿根廷三国联合发起，从而为这些国家最终批准于 1967 年 2 月 14 日在墨西哥城缔结的条约奠定了基础；制定一项关于敏感军事技术出口的法律；向美国承诺开始考虑遵守"导弹及其技术控制制度"（MTCR）的可能性。(Hirst & Pinheiro，1995：6 - 7)

然而，科洛尔·德梅洛上任不到一年，行动自由就受到限制，这一方面是因为国内政治经济形势严峻，另一方面还因为在应对通货膨胀和腐败指控时困难重重。这种局势使政府无法推行为完善外交政策而寻求的快速改革。

表 3 – 1　巴西 1985 ~ 1995 年通货膨胀率

时间	1 月	2 月	3 月	4 月	5 月	6 月	7 月	8 月	9 月	10 月	11 月	12 月	总计（%）
1985	12.64	10.16	12.71	7.22	7.78	7.84	8.92	14.00	9.13	9.05	14.95	13.20	235.13
1986	17.79	14.98	5.52	-0.58	0.32	0.53	0.63	1.33	1.09	1.39	2.46	7.56	65.04
1987	12.04	14.11	15.00	20.08	27.58	25.87	9.33	4.50	8.02	11.15	14.46	15.89	415.87
1988	19.14	17.65	18.16	20.33	19.51	20.83	21.54	22.89	25.76	27.58	27.97	28.89	1037.53
1989	36.56	11.80	4.23	5.17	12.76	26.76	37.88	36.48	38.92	39.70	44.27	49.39	1782.85
1990	71.90	71.68	81.32	11.33	9.07	9.02	12.98	12.93	11.72	14.16	17.45	16.46	1476.71
1991	19.93	21.11	7.25	8.74	6.52	9.86	12.83	15.49	16.19	25.85	25.76	22.14	480.17
1992	26.84	24.79	20.70	18.54	22.45	21.42	21.69	25.54	27.37	24.94	24.22	23.70	1157.84
1993	28.73	26.51	27.81	28.22	32.27	30.72	31.96	33.53	36.99	35.14	36.96	36.22	2708.39
1994	42.19	42.41	44.83	42.46	40.95	46.58	5.47	3.34	1.55	2.55	2.47	0.57	909.67
1995	1.36	1.15	1.81	2.30	0.40	2.62	2.24	1.29	-1.08	0.23	1.33	0.27	14.77

数据来源：瓦加斯基金会统计的价格总指数（IGP/FGV）。

1990 年底，有关外债谈判会立竿见影的最初期望宣告破灭。货币稳定计划的不足之处也开始显现。在 1991 年 4 月的首个外债协议中，解决宏观经济不平衡的难度越来越大，从而在巴西履行金融义务的能力方面向金融机构发出了负面信号。巴西的外债已经在发展中国家高居榜首，在科洛尔·德梅洛政府时期，其外债谈判由一支强硬、"自主"的谈判队伍来进行。（Veiga，1993）

1991 年 4 月，巴西由于知识产权法被美国贸易代表办公室列入观察名单。雷塞克部长对此表达了不满，并说，"反过来，我们并没有看到一个希望快速推进的国家所应有的热切和节奏"，而总统于 1991 年 6 月从华盛顿回国时也补充道，"没有给予任何支持"（*Jornal do Brasil*，1991）。

科洛尔·德梅洛执政第二年，与富裕国家合作的言论渐渐收敛。在 1991 年 9 月的联合国大会上，科洛尔·德梅洛谈到了发达国家与发展中国家日益严重的不平衡、外债的持续、技术转让的壁垒以及工业国家的保护主义等问题。 （MRE，1996）与此同时，在国内政治难题不断增多的情况下，总统越来越少地投身国际事务，从而使外交部在行动上有了更多的自主。随着1992年部长改组和塞尔索·拉费尔被任命为外交部部长，政府的外交政策进入了第二个阶段。

与外债谈判时所采取的策略一样，巴西对海湾战争的立场也被认为是科洛尔·德梅洛政府时期造成与美国良好关系倒退的主要原因之一。巴西与其邻国阿根廷不同，它没有向波斯湾派兵，但在联合国安理会上还是支持美国。在这里，我们必须再一次将科洛尔·德梅洛政府外交政策的目的与其在实施过程中的困难区分开来。20世纪80年代初，巴西与伊拉克具有大量的军事和贸易联系，巴西向巴格达出口武器，巴西军方的部分人士与萨达姆·侯赛因政府也有合作。另外，由于国内经济的制约和挑战——要抑制1992年高达1158%、1993年超过2700%的通胀率（见表3-1），并抗击经济衰退——使科洛尔·德梅洛政府没有实施自动依附美国的外交政策。

外长在科洛尔·德梅洛政府的作用

诺盖拉·巴蒂斯塔大使是科洛尔·德梅洛政府的主要评论家之一，他认为这一时期的外交部没有在外交政策的制定中发挥积极作用，不过，在实施政策所掌控的有限空间内，它得以将"总统所采取的某些立场的成本"降到了最低。巴蒂斯塔为此引用了两个例子来说明"伊达马拉奇的高明之处"：其一是巴西、阿根廷、ABACC和国际原子能机构关于核保障的

《四方协议》，其二是南共市四国与美国的所谓"4＋1协议"（Batista，1993：122）。

第一例中，外交部部长制定了一项对《不扩散核武器条约》的"间接依附"文件。第二例中，对布什总统提出的关于美洲的"倡议"，外交部将协调南共市成员国做出联合回应，其目的在于凝聚南共市的力量，以免其因任何成员国与美国开展双边谈判而可能造成威胁。

南锥国家一体化的持续成为一种手段，以避免在巴西议程上过分突出与美国的关系。在美洲自由贸易区（FTAA）的谈判中，次区域合作旨在减少对仅仅集中于发达国家（尤其是美国）的相关政策的关注。它还引入了一种南南合作的维度。

外交部力图确保自己作为巴西外交政策主要决策者的角色，这反映了其作为权力机构存在的需要。塞尔索·阿莫林大使指出，1990年，外交部的部分职责——特别是在贸易自由化问题方面——被指渐渐转移到了刚刚成立的经济部，该部因为由财政部、规划部和工商部合并而得到加强。（Amorim，1997：3）外交部希望领导南锥国家一体化，这是对1991年成立一体化部的回应。

于是，经雷塞克部长批准，外交部迅速成立了拉美一体化署，后来又升格为由常务副部长直接领导的一体化和经济外贸事务局，以保持对其他政府部门和机构的影响力。

由此看来，外交部介入了科洛尔·德梅洛政府的外交政策，在巴西国际议程的中心轴——与美国的关系——上引入了自主因素。之所以采取这一举措，也是源于在科洛尔·德梅洛政府初期的政治体制环境下，对该部作为权力机构存在的认识。

外交政策原则再思考

随着 1992 年 4 月部长改组和塞尔索·拉费尔被任命为外交部部长，巴西外交政策开启了一个部长与其团队关系更为密切的新阶段。

在后来评价自己的任期时，拉费尔强调"伊达马拉奇权威"对外交政策的有效性必不可少。"因此，为了维护伊达马拉奇的权威并继而能够执行外交政策，为这一传统添加实实在在的一笔是每一任外交部部长的应尽之责。"（Lafer，1993a：45）在其最重要的成员们看来，1992 年 4 月的新内阁力图保护这个风雨飘摇中的国家。关键问题不在于政府各部门走向何方，而在于面对一连串的事件时——尤以 1992 年 12 月总统弹劾案为甚，如何全力保护政府。

拉费尔当时的许多讲话都提到巴西外交政策改革的两个思想方针："创造性适应"和"前瞻性"。这种前瞻性的例证之一就是联合国环境与发展大会（也称"地球峰会""里约 -92"或者"生态 -92"）所通过的《21 世纪议程》，它旨在促进合作，在国际议程中恢复发展权，并维护联合国安理会的民主化。地球峰会是一个特别重要的标志，表明巴西在坚持自主的同时，也追求更多的国际参与。（Fonseca Jr.，1998）峰会意味着以砍伐森林来促进经济发展的模式将得到改变，该模式此前已广受国际社会诟病。（Hurrell，1991）这是在一个越来越具有国际性但权力关系依然不言自明的问题上，对国家主权话语的一种批评。创造性适应的例子包括气候变化和生物多样性公约，以及巴西加入核保障的《四方协议》《禁止化学武器公约》和《特拉特洛尔科条约》等。

在这种外交政策的参考框架下，当时的官方外交话语体现出两种观念：巴西自命为全球贸易商以及南共市是竞争性地参与国际事务的平台。"全球贸易商"一词表明了一种观点，即巴西与墨西哥或加拿大不同，它有全球性的利益，因此不应该自动依附任何一个特定的国家。南共市作为参与国际事务的平台这一理念构成了1992年制定的新框架的第二根结构轴。它力图使南共市这一新的侧重点与科洛尔·德梅洛政府关于巴西竞争性地参与世界经济的口号相吻合。这种努力旨在做出调整，将侧重点从与中心国家（即主要经济伙伴）的关系转移到以追求自主为重心的连续性因素上来。正如塞尔索·拉费尔部长自己所言，巴西是全球贸易商的观点并不意味着其贸易伙伴越多元越好。准确地说，它所表达的是巴西在全球各地都有自己的利益：

> 在工作中，我对伙伴关系持有一种可操作性的理念。在一定程度上，它指的是巴西是一个具有广泛利益的国家，是一个需要建立国际伙伴关系的经济领域的全球贸易商。我所考虑的是与美国、欧盟和日本的伙伴关系。然后还有拉美，这不是伙伴关系，而是我们所处的环境。（Lafer，1993a：7）

关于当时对与欧盟关系的一些看法，有一点特别值得考虑。尽管南共市与欧盟在1992年5月已经签署《机构间合作协议》，而且有关《巴西-欧盟合作框架协议》的谈判即将结束，将于当年6月签订，外交部部长却明确表示，在与欧盟的

"战略性伙伴关系"上，"坦率地说，对方目前不会给我们任何重要的资源或解决方法"（MRE, 1993a：67）。

正如坎波斯·梅洛（Campos Mello, 2000：115）所言，"塞尔索·拉费尔的任期为巴西外交政策建立了新的参考框架……它反其道而行，坚持了确保遵守国际规范和制度的原则"，在一定程度上削弱了美国在巴西外交政策议程中过分突出的地位——正如前文所述，在科洛尔·德梅洛执政期间，该议程就已显出不力，而德梅洛虽然努力推行却未能成功。另外，尽管国内正处于严重的经济危机，由塞尔索·拉费尔所执掌的外交部在执行巴西外交政策过程中还是重新发挥了作用。

国内局势

科洛尔·德梅洛于 1989 年登上国内舞台，在此之前，他只是一个名不见经传的州级政治家。他参加了自 1960 年以来的首次总统竞选，支持率快速攀升，这反映了部分民众对巴西现行政治力量的不满。20 世纪 80 年代的经济以衰退开始，接着是迅速增长（1985～1986 年），最后是恶性通胀。政府似乎无力将巴西拉回到经济快速增长的传统之路。1965～1980 年，巴西国民生产总值年均增长率为 9%，但 80 年代降至 2.7% 左右。

回归民主激发了各种期望，到头来却屡屡落空。在从军事统治到文人政权过渡的谈判中，巴西精英阶层一直很有影响，尽力避免深刻的政治和社会变革。期望幻灭加上经久不去的危机感呼唤着"救世主"的诞生。（O'Donnell, 1992：12）科洛尔·德梅洛充分利用了这个机会：他年轻，精力充沛，承诺要实现经济现代化和更大的社会正义，建立一个高效诚实的政府。

科洛尔·德梅洛并不是凭着一个大的政党获胜。他是1989年成立的国家重建党（PRN）的创始人之一，该党成为一种参选工具，尽管其政治势力小，组织力量弱。但在总统竞选期间，越来越多的保守派政治家和工商界领导人开始支持他，而反对他的左翼对手——来自劳工党（PT）的路易斯·伊纳西奥·卢拉·达席尔瓦。[4]

一项自由主义计划的实施强化了科洛尔·德梅洛的政治目标。他打算推行一项实现经济现代化、使巴西向国际市场开放、促使国内生产商与外国公司竞争的计划。该计划在观点不一的工商界领导人之间引发了争议。掌握先进技术的公司有能力参与国际竞争，所以支持新自由主义所带来的贸易壁垒的减少，但凭借国家保护和补贴而产生和发展的行业（所谓新生儿行业）则担心失去保护后，国际竞争可能会危及它们的业务或导致它们破产。因此，自由主义计划在工商领域引发了意见分歧。（Weyland，1993：11；Weyland，1999）

科洛尔·德梅洛将现代化政策作为自己的工具，试图通过攻击商业协会和工会仍然具有的社团主义结构来削弱这些团体的力量。（Schmitter，1979）他尤其想废除公司和工人向国家所认可的组织义务缴纳的会费。

总统试图用同样的改革来降低国家的影响和作用。新自由主义政策的实施虽然增加了总统的权力，但国家的部分职责回归市场，却使国有部门受到削弱。公司的私有化减弱了国家的行动力，并对其已经巩固的地位形成了挑战。科洛尔·德梅洛提出的政治改革激怒了高层官员，并引发了国有部门的整体不满。

许多领域都减少了军方对决策的参与。甚至在对军队有直接影响的问题上——比如相对降低军人薪资，科洛尔·德梅洛也行使自己的权力。总统还解散了国家情报局（SNI），这是由军方掌控的国家情报机构，以前不仅调查和恐吓具有左翼倾向的人士，还对政府的腐败行为展开调查。（Weyland，1993：12；Conca，1992：160）

科洛尔·德梅洛尽管千方百计地集权，还是没能有效地控制其许多政治盟友的行为，有些人——如卫生部部长阿森尼·格拉和劳工社会保障部部长安东尼奥·马格里——被控卷入非法活动。这些丑闻造成了巨大的破坏性影响，使科洛尔·德梅洛不得不于1992年初重组内阁。更重要的是，总统本人似乎也卷入了其早先竞选时的财务主管保罗·塞萨尔·法里亚斯所策划的勒索案。在一个像巴西这样高度集权的国家，政府把国有资源当成了吸引盟友的政治货币。（Geddes & Ribeiro Neto，1999）如果行政部门利用职权采取倒退性经济措施，那么，依赖政府合同的公司只好更不遗余力地去争取那些越来越少的项目，并准备为其付出高价。

科洛尔·德梅洛的经济稳定计划未能成功，从而削弱了巴西精英阶层——尤其是更具保守倾向的政治人士和当初支持过他的工商界领导人——对他的支持。该经济政策引发了更严重的衰退，这对各社会阶层都产生了消极影响，同时也未能遏制通货膨胀，1992年的月通胀率一直处于18.54%到27.37%之间（见表3-1）。

工商界领导人对政府的经济政策进行了更猛烈的抨击。很多行业都担心降低贸易壁垒会对整个经济带来影响。贸易壁垒的降低加强了国际竞争，这被视为一种潜在的威胁。自由化并不等同于促进生产的发展政策。

当政府的反对者——包括许多当初的支持者——开始要求调查针对总统的腐败指控时，他的盟友也未能阻止国会的调查，最后终于导致他遭到弹劾。该调查之所以能够进行并得出结论，他在政治上的孤立是至为关键的因素。

伊塔玛尔·佛朗哥政府的外交政策

伊塔玛尔·佛朗哥政府接手的是一个复杂的局面，这不仅是因为国内的形势很棘手，还因为在推进经济自由化改革和审批新的知识产权法方面，巴西的外交政策议程承受着来自美国的压力。

另外，美国政府与部分拉美国家——尤其是墨西哥、阿根廷和智利——在意识形态和经济上越来越一致，也突出了巴西的另类形象。与其他国家相比，由于其货币稳定过程及经济改革的拖延，以及无意遵守在创建美洲自由贸易区谈判之初渐渐形成的有关观念，巴西显得与众不同。

由于国内问题的紧迫性，伊塔玛尔·佛朗哥总统将制定外交政策的任务全权授给外交部。他选用来自巴西社会民主党的圣保罗州议员费尔南多·恩里克·卡多佐执掌外交部，这是伊塔玛尔·佛朗哥政府的一项关键任命，使总统得以减少对外交事务的参与。这种局面即使在卡多佐结束外交部部长任职（1992年10月至1993年5月）而改任财政部部长之后依然存在。

伊塔玛尔·佛朗哥总统起初打算让一名政务官来接替卡多

佐的职务。（Amorim，1997）然而，在经过为期三个月的临时任职后，塞尔索·阿莫林大使最终被任命为外交部部长，标志着外交官开始重新执掌"伊达马拉奇"，这是自菲格雷多政府时期（1979～1985 年）萨拉伊瓦·格里罗大使任外长之后的第一次。在阿莫林的领导下，外交部在制定巴西外交政策方面继续享有较大的自主权。

卡多佐在担任外长的短暂时间里，重新奉行并深化了塞尔索·拉费尔所确定的外交政策框架。他承认美国是主要的贸易伙伴，"但与他们达成优惠合作却并不可能，因为我们的产品源源不断地出口到美国市场，在那里却常常面临诸多限制"（Cardoso，1993：8）。在执掌外交部的短暂时间里，卡多佐已经认识到需要一种"新的外交政策"，这种政策在其担任总统期间体现出参与型自主的特征：

为什么是新的外交政策？首先，因为巴西变了。在政治层面，我们已经完成从独裁到民主的过渡。在经济领域，经过一段快速发展之后，我们进入了一个可能导致增长停滞的危机时期。在意识形态上，我们已经走过独裁民族主义和自给自足型发展的阶段，开始寻求竞争性地参与国际事务。其次，因为世界变了。在政治层面，冷战的结束改变了权力结构。在经济领域，全球化似乎成了主要趋势。在意识形态上，民主和市场经济成了普遍的规则……不过，自由化措施不是免费的。让步必须有相应的措施，必须通过我们传统的谈判能力来取得……从这种意义上说，对我们自己这一区域的坚实基础必须进一步巩固，哪怕仅仅是为了增加谈判的筹码……区域经济一体化进程不能像墨西哥在对美关系上那样，强调排他性关系，那样会导致贫穷。不过，这种立场并不意味着要放弃我们与美国关系的优先地位，因为美国是巴西最重要的贸易伙伴，我们一直在探索与其建立积极的议程。（Cardoso，1994：185－188）

在卡多佐的倡导下，外交部对外交政策中的首要问题开始了一个内部思考的过程。其结论重申："明智之举是选择给我们提供最多选项的政策，因为正是这些政策才会给我们带来获得政治红利的最大机会。"（MRE，1993b：132）

阿莫林接替卡多佐后，提出一种无标签的外交政策，以避免引发特定的期望。与此同时，他还实施一种"以发展和民主为中心的外交"。特别需要指出的是，阿莫林重新发掘出了"3D"口号，该口号曾被若昂·古拉特政府的外交部部长（1963～1964 年）、70 年代任巴西驻华盛顿和联合国大使的阿劳若·卡斯特罗所使用。70 年代初，"裁军（Disarmament）、发展（Development）和去殖民化（Decolonization）"曾是巴西国际议程的口号。阿莫林提出将其更新为"民主（Democracy）、发展（Development）和裁军（Disarmament）"（Amorim，1994：21）。

此举旨在表明巴西对人权的承诺，因为人权关系到国际关系的民主化，尤其是关系到联合国安理会的改革。1994 年 9 月，在联合国大会开幕式的发言中，阿莫林更深入、更明确地表达了巴西的立场。而 1994 年 7 月启用的新货币雷亚尔很快实现了货币稳定，从而改善了政府在巴西舆论中的形象。这也使巴西在与国际金融机构重新进行外债谈判时处于更有利的地位。由于重获信心，阿莫林部长宣布，如果联合国安理会进行

改革，巴西希望在其中争取一席之位。（Canani，2004：97）

正是因为考虑到安理会的扩大，阿莫林部长的外交政策才十分清楚地表达了在国际舞台上宣传巴西的目标。例如，给联合国正在讨论的"和平议程"增加一项"发展议程"，就是巴西的提议——早在1992年9月的联合国大会上，塞尔索·拉费尔部长就提出过这项建议。针对海地危机，巴西支持经济封锁和一项相继被联合国安理会和美洲国家组织（OAS）批准的政策，从而与其他32个国家达成一致，反对军事干预海地，同意在该国军事政府垮台后仅仅派驻维和部队。在联合国范围之外，巴西政府还力推古巴重新加入美洲国家内部体系，尤其是美洲国家组织，并谴责美国对该国的经济封锁。

最后，巴西对国际关系的多元化表现出了更大的兴趣，这种多元化预示了多元化自主理念的某种趋势，而后来的卢拉政府则更明确地贯彻了这种理念。伊塔玛尔·佛朗哥执政时期，尽管也考虑到对美关系的重要性，但南共市还是被视为可以阻挡"美国发起的美洲自由贸易区攻势"，使得将来有可能使"拉丁美洲在一个更大的计划下连为一体"（Amorim，1997：14）。他在任期间，《亚松森条约》所预想的《黑金城协议》于1994年12月得到商讨和签订。它将南共市从自由贸易区提升为关税联盟。巴西对非洲国家，尤其是葡语国家共同体成员国以及古巴的关注也有所增加。在阿莫林看来，"科洛尔政府对古巴和非洲从来不曾持敌对态度，只不过是它们当时没有排在首要地位而已"（Amorim，1997：14）。

阿莫林认为，我们不可能"完全回到过去"，但在某些问题上可以缓和话语和行为，"我担任外长只有一年半时间，不足以做出重大的改变"（Amorim，1997：12）。总而言之，延续和改变之间的平衡不仅涉及对新议程的接受和对其规范与制度的遵守，还涉及要确保这种遵守不表示放弃自主——尽管在卡多佐执政时，"自主"一词在巴西的外交话语中不会再次凸显。（Campos Mello，2000：127）正是在这种背景下，巴西参加了马拉喀什会议，通过这次会议，关贸总协定乌拉圭回合谈判终于以建立世贸组织而告终。

小 结

将科洛尔·德梅洛和伊塔玛尔·佛朗哥的外交政策置于同一章来分析，是基于两个原因：（1）两届政府都为时不长，科洛尔·德梅洛由于被弹劾而没有完成任期，由副总统接任；（2）两者都很难用本书三个核心概念中的任何一个来概括，但在某些方面都与其中不止一个概念很接近。在表 3 - 2 中，我们总结了科洛尔·德梅洛和伊塔玛尔·佛朗哥外交政策的异同。

表 3 - 2　科洛尔·德梅洛和伊塔玛尔·佛朗哥外交政策的异同

巴西外交政策议程	科洛尔·德梅洛政府	伊塔玛尔·佛朗哥政府
对美关系	在任第一年,科洛尔·德梅洛寻求与美国建立更密切的关系。由于该战略的利益不明显,巴西外交政策的某些方面又返回到与美国有意见分歧的状态。	努力保持与美国的良好关系,同时尝试深化与其他国家的关系。因此,美国不再是巴西外交政策的主要重心。
对外交部部长的重视程度	科洛尔·德梅洛的外交政策以总统本人为中心,外长主要是在弗朗西斯科·雷塞克任期时失去影响力,后来随着塞尔索·拉费尔执掌外交部又获得更重要的地位。	主要由于巴西的内政问题,伊塔玛尔·佛朗哥总统授权,使得制定外交政策的职责重归外交部。塞尔索·阿莫林被任命执掌外交部标志着该机构自主权的回归。

巴西外交政策议程	科洛尔·德梅洛政府	伊塔玛尔·佛朗哥政府
南美一体化	1991年3月，科洛尔·德梅洛与阿根廷、巴拉圭、乌拉圭三国总统共同签署《亚松森条约》，创建南共市，旨在建立一个关税同盟和共同市场。科洛尔·德梅洛和卡洛斯·梅内姆相信，南共市可以成为两国融入国际社会的平台。	伊塔玛尔·佛朗哥延续了区域一体化进程，但南共市渐渐被视为拉丁美洲联合反对美国关于美洲一体化建议的首要工具。其在任末期，签署了《黑金城协议》，使南共市从自由贸易区转变为关税联盟。
国际安全	为减少在这一领域与美国可能发生的紧张关系，采取了一系列举措。为此，巴西宣布永远放弃军事独裁时期（1964～1985年）确定的军工业宏伟蓝图。	政府坚持科洛尔·德梅洛做出的承诺。不过，巴西再一次表明了希望成为联合国安理会常任理事国的意向，特别是在塞尔索·阿莫林任外长期间。
国际贸易	在关贸总协定体系内，面对发达国家在"新议题"（知识产权、服务和投资）上的要求，巴西的戒备立场渐渐开始缓和。	在关贸总协定体系内，巴西继续采取比较缓和的立场，但开始要求加大农产品和纺织品的自由贸易。

我们认为，自20世纪30年代以来的现代巴西外交政策体现出了追求自主的特征。而早在此之前，在19世纪末的共和国时期之初，就不难看出自主的迹象。从热图利奥·瓦加斯的第一个总统任期开始，自主就成为一个明确的目标，并延续至今，尽管中间也有曲折（偶尔还幅度很大）。这种追求虽然具有相对性，而且有时摇摆剧烈——如卡斯特洛·布兰科执政时期（1964～1967年）就努力从各方面与美国保持紧密关系——但一直以来仍然可行，因为巴西人口众多，幅员辽阔，与大国距离较远，具有比较工业化的经济和相当大的国内市场等。

不过，自主外交政策的可能性本身并不是目的。确切地说，其目的在于为巴西追求自己的"国家利益"增加操作的空间。由于巴西在历史上不曾卷入武装冲突，所以国家安全问题没有被视为重中之重，而经济发展则几乎一直被视为国家的主要目标。历届政府都或多或少地强调了自主外交政策，不管是通过疏离、参与还是多元化的战略。

正如我们着重指出的那样，科洛尔·德梅洛和伊塔玛尔·佛朗哥执政时期是一个过渡阶段，其间，巴西外交政策的现有"范式"还没有完全衰败，新的范式则尚未成型。从疏离型自主到参与型自主之间，似乎存在着一个过渡，这一点在科洛尔·德梅洛政府初期尤为明显。尽管这届政府并未抛弃巴西外交政策的自主传统，但是对这一时期的多种分析却表明，它选取的路径并不明确。上任后的第一年里，总统似乎一度极端地背离巴西外交政策的自主传统，相信现代化就意味着与美国和其他中心国家保持更密切的关系。正如我们所见，这条路径并未产生预期效果。而外交部则努力将科洛尔·德梅洛政府带来的变化降至最低。到拉费尔执掌外交部的第二阶段，外交政策又返回老路，几乎全部由外交部来实施，尽管这是因为国内的政治危机使总统无暇更多地投身于国际事务。德梅洛被弹劾之后，伊塔玛尔·佛朗哥继续放权，让卡多佐执掌的外交部负责外交政策的制定。阿莫林任外长后，努力将外交政策议程中的传统议题旧话重提，大力恢复自主的主题和巩固南美洲的概念。所谓全球化现象的加速、进口替代工业化的失败、正在给国家带来毁灭性影响的经济危机以及民主化进程等，都要求为巴西的发展提出解决方案。

小方塞卡（Fonseca Jr.，1998）所界定的疏离型自主和参与型自主之间的范式冲突，是两种国际参与战略的创造性过程的组成部分，这两种战略被后来的政府所改进（尽管只取得部分成功），以取代疏离型战略。这就是卡多佐执政时期所强化的参与型自主和卢拉政府所实施的多元化自主。自给自足的方法再也不能满足国家的需要，这一点似乎已经很明确。与此同时，自主的概念也变得根深蒂固。之所以存在不同的范式，是因为在应对和解决巴西面临的这些障碍时所采取的方式各不相同。

注释：

[1] 1964 年 6 月 15 日，在日内瓦举行的第一届联合国贸易和发展会议（UNCTAD）结束时，77 个发展中国家签署和发表了《77 国联合宣言》，标志着"77 国集团"（G - 77）的成立……77 国集团是联合国最大的发展中国家政府间组织，旨在为南方国家提供途径，表达和促进它们的集体经济利益，加强它们在联合国体系内对所有重大国际经济问题的联合谈判能力，并促进南南合作与发展。

[2] "15 国集团"是 1989 年 9 月继第九届贝尔格莱德不结盟国家首脑会议结束后，在发展中国家举行的首脑会议上成立的……15 国集团的长期目标之一是最终得到认可，成为由 7 个（现为 8 个）高度工业化国家组成的 7 国集团（现为 8 国集团）的合理对话伙伴。

[3] "10 国集团"于 1982 年由发展中国家成立，旨在阻止服务和知识产权等新议题进入关贸总协定谈判。该集团由巴西领导，在关贸总协定/世贸组织乌拉圭回合谈判中赢得不少保护。（Narlikar，2003）

[4] 卢拉和科洛尔·德梅洛之间那场众所周知的总统辩论由巴西环球电视网播出，但在后来的新闻节目中，经过编辑而使劳工党候选人路易斯·伊纳西奥·卢拉·达席尔瓦给人留下负面印象。

第四章
卡多佐时期的外交政策：参与型自主之路

引　言

在费尔南多·恩里克·卡多佐的两个任期（1995~1998年和1999~2002年）内，巴西外交政策的出发点和实践得到重新界定，本章将对此进行探讨。我们的主要观点是，卡多佐政府将20世纪90年代全球化带给国际社会的自由主义变化努力加以内化、吸收和巩固，而早先的科洛尔·德梅洛政府却未能做到这一点，伊塔玛尔·佛朗哥政府则表现得犹豫不决。与此同时，卡多佐政府还对巴西石油公司及国家经济社会发展银行（BNDES）等部分国有经济机构给予了支持。所以，我们将在此表明：尽管疏离型自主的理念在冷战时期的大部分时间占有主导地位，并留下一种基于进口替代的发展模式，但卡多佐在其长达八年的任期中，一直力图改变以这种理念为导向的消极的外交政策议程，而代之以在部分议题上与新自由主义原则一致、以参与型自主理念为导向的积极的国际议程。

这种新理念认为，巴西如果主动参与制定全球秩序的规范和原则，就会开始更有效地解决自己的内部问题，并更好地把握自己的未来。（Fonseca Jr.，1998：363-374）通过积极寻求在各种场合建构和协调国际关系，巴西的外交政策还会有助于营造一种有利于经济发展的环境，而这正是大半个20世纪巴西外交行动的目标。就此而言，卡多佐时代始终在探寻各种国际制度和规范，旨在创造一种尽量体制化的环境。

在此期间，由阿劳若·卡斯特罗制定的外交政策标准（Amado，1982）经历了一次变革，尽管不是很彻底。该标准强烈反对巩固相关制度和规定，以免固化冷战时期的权力等级。在由单一大国主导的新的国际环境中，巴西的相对权力受到削弱，但制度主义观念被认为符合巴西的利益，因为它提倡尊重国际游戏规则，提倡规则一旦制定，各方就必须遵守，哪怕最强大的国家也不例外。不过，在针对南共市以及整个南美洲时，观点却有所不同。在这里，更有利的权力关系被视为一种促进巴西作为全球参与者参与国际事务的途径。

通过以上初步讨论，我们可以指出，由于卡多佐政府的外交政策，在那些将霸权价值视为普世价值的国家之中，巴西赢得了一席之地。

外交政策出发点

巴西外交政策上的这种范式变化是由于全球化时代国际经济呈现出的新格局所致。二战结束后，国际关系形成了南-北和东-西两轴，但从1990年起，它们似乎正在被国际社会新的结构体系所取代。这种结构体系的出现源于一种以政治、价值观和经济学上的所谓新议题为基础的议程，涉及环境、人权、少数族裔、原住民及毒品走私等议题。正如相互依赖理论所述，这些"软议题"在国际舞台上开始变得越来越重要。（Keohane & Nye，1989）从卡多佐时代的巴西立场来看，这意味着"各国的相对重要性渐渐地不再取决于它的军事或战略影响，而更多地取决于它的经济、商业、科技或文化影响"（Abdenur，1994：3）。负责制定贸易政策、工业政策和发展政策的官员开始意识到，从工商领域的重要部门出发，开放的环境会更有利于巴西的成本收益率。他们明白，缺乏竞争可能会拉大与富裕国家——甚至与那些虽然欠发达但似乎已准备好持续腾飞的国家——之间的差距。因此，开放是对抗经济风险的一剂良药。

不过，向参与型自主的转变是一个循序渐进的过程。在罗伯特·科斯塔·德·阿布雷乌·索德莱担任萨尔内政府外长后期，这种趋势得到加强，而到科洛尔·德梅洛政府时期，弗朗西斯科·雷塞克担任外长时仍在沿用。1992年，塞尔索·拉费尔执掌外交部时，将这一模式所蕴含的理论加以完善，推行一种"不结盟、不妥协的全方位外交"政策，"意在在国际行动中坚持自己的参与型自主"（Campos Mello，2000：92）。外交部1993年年报提及了这一意图，并指出，1992年，外交部的工作重心是建立"一个合适的概念框架，以推进巴西的战略行动"（MRE，1993a：347）。伊塔玛尔·佛朗哥政府——其外长先是卡多佐本人，然后是阿莫林——则负责多管齐下，使已制定的外交政策目标付诸实现。

对外交政策的重新界定得到财政部——包括西罗·戈麦斯[1]担任部长时期——的积极参与，当时正值一个特殊时期，要遵守现行的国际价值观，就必须高度重视经济稳定。这种重视巩固了由科洛尔·德梅洛政府所制定的关税减免政策，尽管该政策名义上是基于巴西银行外贸局（Cacex）在1998和1999年开展的研究。随着决定签署《马拉喀什条约》（由此成立了世贸组织），并通过对有关南共市共同对外关税税则（TEC）的讨论（相关内容最终由1994年12月的《黑金城协议》所确定），以及于同月参加迈阿密峰会（该会议启动了关于建立美洲自由贸易区的谈判），对外交政策的重新界定得到进一步实现。整体而言，这些举措强化了新的外交政策理念。

卡多佐执政时期，既变化又延续的理念始终占据主导地位，在其倡导者看来，这一理念表明，对传统范式的革新应该既有创造性适应，又要着眼未来。卡多佐和他的两任外长路易斯·费利佩·兰普雷亚（1995～2000年）和塞尔索·拉费尔（2001～2002年）一致认为，面对不利环境，着眼未来十分必要，国家外交在努力适应当下变革的同时，还要采取长远的行动。政府的目标不是被动地适应，而是在其能力范围内调整和重塑环境，既要顾及其他国家和势力的利益，也要寻求通过参与国际议题的方式有利于巴西的利益。通过遵守"即使不理想但仍然代表着一种明显改进"（Lafer，1993a：46～47）的国际制度，可以确保巴西在努力满足自己的国家利益时找到一种国际性的法律参考范例。卡多佐执政时期一直推行的新范式有其实用主义的一面，具体表现在：多次重申"全球贸易商"的概念；将南共市视为一个竞争性的参与全球事务的平台；还有一个至关重要但并非唯一的观点，即可以与其他国家和地区一起共同参与。（MRE，1993a）

不过，应该指出的是，这些概念的巩固和更新并非没有利益上的考量。通过接受全球贸易商的概念，巴西表明了它的全球利益，所以得以采取不同的议程和立场，在寻求外在市场和贸易关系的同时，又避免将自己与某个单一的合作伙伴捆绑在一起。正因如此，巴西才对南共市采取非制度主义方法，而对多边议程——尤其是涉及联合国和世贸组织等全球性组织时——则采取制度主义方法。（Pinheiro，2000）

一般而言，全球贸易商往往选择多边贸易自由化，以追求利益最大化。在整个20世纪90年代直至卡多佐政府末期，巴西外交部始终认为"我们的目标应该是一种全球性解决方案"（MRE，1993a）。从外交上说，这就意味着，选择美洲自由贸易区或与欧盟的自由贸易区将有助于制定和完全实施一种国际性的贸易自由化制度。卡多佐在位期间，此举被阐释为"两步入池"模式：接受具体的协议就像先从池子的浅水区下水，然后再慢慢过渡到深水区。

普遍主义已经成为巴西外交政策的一部分，但由全球贸易商概念引发的更新意味着外交关系的多元化，以及要有区域主义视角。科洛尔·德梅洛和伊塔玛尔·佛朗哥两届政府所推行的政策将南共市置于巴西议程之首，卡多佐政府巩固了这一政策。南共市不仅被视为一项南美洲前所未有的工程，还被视为一种并不排斥其他合作伙伴的开放型区域主义形式。1985至1989年所奉行的发展理念已被摒弃。该理念在巴西与阿根廷贸易谈判期间曾占据主导地位，因为拓展国内市场在当时意义尤为重大。正如拉费尔所言："南共市是我们的未来，是我们所处的环境。美洲自由贸易区不是我们的未来，它只是一种选择。"（Lafer，2001b）尽管南共市对巴西政府十分重要，却没有人愿意去改变它的体制现状或承担为巩固它而付出的成本。更确切地说，南共市被视为一个重要的平台，通过这个平台，成员国可以更广泛地参与国际事务。比如在阿根廷，卡洛斯·萨乌尔·梅内姆政府就巧妙地为自己保留了选择权，这一决定在梅内姆于 1995 年开始的第二个任期内得到强化。最后，在卡多佐政府应对因促进区域相互依存而带来的挑战时，这影响了政府的抉择。

思想遗产

外交政策的新范式自 1992 年就初具雏形，一旦纳入国家计划，就得到系统的发展。从 1995 年开始，总统在国外——包括斯坦福大学、墨西哥学院、法国国民议会、印度国际中心和其他地方——的几次演讲中，都对此进行了阐述。在其第一次就职演说中，卡多佐就坚称需要变革，以确保巴西更积极地参与世界事务，他还强调政府的目标是"对新秩序的设计产生影响……我们在国外的话语和行动也必须与时俱进"（Cardoso，1996：137）。兰普雷亚证实了这一立场，他认为"政府知道如何正确地调整政策，以应对世界、南美及国内当前的变化"（Lampreia，1995：11）。他认为这些调整肯定会持续，但还应该与提高国家实力和全面遵守国际制度的过程相结合，这样才能使巴西的外交政策与全球趋势保持一致，从而避免被国际"主流"孤立。不过，对巴西政府而言，保持一致和避免孤立并不意味着接受低人一等的地位，相反，它是提高巴西在国际社会相对地位的途径。

在卡多佐看来，其执政的另一个重要原则就是使普遍流行的价值观与国家形象相一致："对进入 21 世纪的巴西来说，其内部改革与发展的首要目标应该与国际上广为流行的价值观相吻合"（Cardoso，2000：6）。卡多佐认为，遵守国际制度最终会使巴西受益：在当今这个必然会走向全球化的世界上，"这些制度可能给我们带来麻烦，但从长远看会对我们有利"（Cardoso，2000：3），只要巴西能将外部机遇转变为内部效益（Lafer，2001c）。

用兰普雷亚的话准确地说，卡多佐政府的外交政策所遵循的是：

> 一条我称之为"批判性融合"的路线，即对目前在国际生活中占主导地位的价值观、承诺和行为进行批判性融合……之所以要"融合"，是因为在这个政治民主和经济自由成为基本参照点的时代，经由我们自己的选择，巴西的变革将我们带进了世界历史潮流的主航道。（Lampreia，2001：2）

"批判"与"融合"这两个词的并置源于国际关系的现实，当时，"由于在针对司法公平原则的问题上存在着典型的权力不对称，致使遵守'主流'价值观和承诺一说长期受到严重歪曲，或出现前后矛盾"（Lampreia，2001：3）。这种理解非常重要，因为它阐明了政府自己的认识，使其对主流的适应在原则上具有正确性。在卡多佐的两个任期内，政府从话语和行动上双双发力，对这种歪曲进行了不懈的批判。在批判以权力为基础的政策时，政府使用了旨在达成理解的话语和外交行为。政府的目标始终都是避免出现不可挽回的紧张局势，不管是与美国，还是与其他国家。在对阿根廷的关系问题上，即使在1999年1月，随着雷亚尔贬值而使两国分歧大为激化之际，卡多佐政府的政策仍然是以努力寻求相互理解的方式为指导原则。

政府的一贯目标是力争在体系之内解决分歧。在国际社会上，那些最有权力、最具影响的行为体在各种场合——比如处理国与国的关系、国际贸易、国际机构的运行、安全问题、环境问题时——言行不一，这已经是不争的事实，只能通过相互理解来克服。在少数情况下，政府也曾采取过激进措施，比如在对世贸组织的问题上，其目的在于提高巴西的地位。

在政府看来，参与型自主的理想结果是形成一种积极的议程，强调巴西必须增强掌控自己未来的能力。因此，外交政策被指有助于经济增长、发展和解决社会问题等国内议程。在这种情况下，最早可以追溯到 1930 年的对于该政策的意义表述又得到重申。小方塞卡（Fonseca Jr.，1998）指出，与其他阶段相比，通过积极参与制定国际行为的规范和原则，可以更好地实现政策目标。这种参与会"持续而有力地促进和平与稳定"（Lampreia，1997：5）。

20 世纪 90 年代后半期，卡多佐政府在更新并巩固了巴西外交政策的范式后，赋予自主一词新的含义，即"参与型自主，它指的是与国际形势相联系而非相脱离的自主"（Lampreia，1999：11）。"换言之，既遵循主流的行为，又兼顾巴西的具体需要，不管是在物质条件还是在目标和利益上。"（Lampreia，1999：89）兰普雷亚认为，以往的思路是将冷战时期巴西外交政策的疏离型自主战略与通过参与来实现对自主的必要追求两相对立起来，新的理念则完善了这一思路。小方塞卡指出：

积极参与的传统一直受到合法性标准的支持，它向形成巴西外交工作新局面的一系列方法敞开了大门。时至今日，自主不再意味着"疏离"那些有争议的议题，以避免国家卷入于己不利的结盟。相反，自主现在意味着"参与"，意味着希望运用我们的价值观去对开放的议程施加影响——那些价值观会维护我们的外交传统，并表明我们能够用自己的眼睛，从一个新的视角，一个符合我们复杂国情的视角，看清国际秩序的路径。（Fonseca Jr.，1998：368）

最后，正是通过在各种舞台上建立和协调国际关系，巴西外交得以营造一种良好的国际氛围，这种氛围有利于实现巴西及其南共市伙伴国的主要目标，即促成和保障长久与可持续发展。卡多佐政府认为，自冷战后世界发生重大变化以来，这一点变得越来越有必要，它将巴西的具体利益与国际秩序的整体利益联系在一起。反过来，这种国际秩序也将促进具体国家利益的合法化及其实现。

兰普雷亚（1995～2000年）和拉费尔（2001～2002年）执掌外交部期间，尽管在某些方面比较尖锐，但整体上力求建设性地克制，这种克制被描述为一种"缓和外交政策议程，或者说把冲突、危机和困难减少到在外交上可以掌控的程度，以免其被短期利益所利用或扩大"（Fonseca Jr.，1998：356）的能力。或者如拉费尔所言，就是"选择通过外交途径和法律规定来解决分歧，减少强权政治和侵略的诱惑"（Lafer，2001a：47）。这种观点可以被视为居于格劳秀斯范式（现实主义和理想主义相结合）和康德范式（纯粹理想主义）之间的一种中间立场，根据这种观点，其目标就是要保卫胜利果实（也许过于相信说服和对话的力量），尽管政府一直都很了解权力和武力的重要性。

因此，外交政策分析表明，在卡多佐时代，合作的观点始终占主导地位。再三抨击权力不对称，不断批判依赖权力的政策，尽力减少单边主义（特别是针对乔治·W.布什执政时的美国），批评对各种原则的歪曲性利用——凡此种种，都应该被理解为努力建立全球合作秩序的一部分。这种遗产似乎是对在特定历史时刻——在那个冷战结束就意味着一系列新机遇的时刻——可能发生的变化的一种回应。

总之，卡多佐政府外交政策的主要出发点是以参与型自主的方式遵守全球议程，同时又希望保持鲜明的巴西立场。政府希望减少巴西在国际社会——尤其是金融领域——的负面形象，并让其合作伙伴相信，巴西已经准备好承担世界经济的义务，也享受其带来的利益。初看之下，可以认为这种策略非常成功。我们将会看到，它带来了许多成就，包括与美国的关系更加密切、由于巴西进入一些重要工业领域的供应链而使外国直接投资重返巴西、在南共市的地位上升、在世贸组织取得"胜利"等。尽管成绩斐然，但由于一连串的国际危机以及多边机构——政府曾希望对那些机构实施自己的参与型自主政策——的持续蔑视，南共市出现了低迷，外国投资也逐渐减少，到头来成本上涨，收益下降。随着乔治·W.布什在美国上台，特别是2001年"9·11"事件之后，这种情况进一步恶化。

以上我们分析了卡多佐政策的具体体现，分析了它的多管齐下以及如何对具体利益攸关的谈判施加影响。

实践经验

具体说来，卡多佐时代的巴西外交政策有两大重点，即在话语上保持强烈的亲南共市色彩，以及增进与南美洲其他国家的关系，而后者在卡多佐第二任期尤其得到重视。政府认为，只要处理好这两大重点，就能更好地推行普遍主义和实施参与型自主的政策。从巴西外交政策所面临的主要议题来看，政府相信，如果南共市能得到巩固，如果整个南美洲能更大程度地参与，巴西的谈判能力就会得到提高。国家在多方面都采取了主动，显示出多角度的考虑，尽管每个议题的重要性存在显著差异。其中，在不同程度上得到重视的议题包括：与欧盟的自由贸易协定，美洲自由贸易区的半球参与和谈判，世贸组织内部的联盟，发展与中国、日本、印度、俄罗斯、南非等重要合作伙伴之间的双边关系——当然还有防止核扩散、裁军、恐怖主义蔓延、环境、人权、保卫民主、争取成为联合国安理会常任理事国、构建新的国际金融体系、与葡萄牙及葡语国家共同体（CPLP）之间的关系、与古巴的关系等其他重要议题。

卡多佐执政期间，民主问题和自主原则也深受关注。这一点可以通过以下事例得到说明：巴拉圭危机（1996 年、1999 年和 2001 年）期间巴西所采取的立场；继 1996 年总统联合声明和 1998 年《乌斯怀亚协议》之后，将"民主条款"纳入南共市；2002 年底（也是卡多佐第二任期之末）委内瑞拉体制危机时巴西所采取的立场——其时的巴西立场在一定程度上被后来的卢拉政府所延续；最后还有 2000 年藤森第三次"当选"秘鲁总统时巴西所采取的立场，在卡多佐政府看来，该立场充分表明其对于自主原则的捍卫。

卡多佐政府认为，通过参与和部分遵循国际主流而获得的利益要想持续，就必须有高水平的专业能力——尤其是经贸谈判方面的能力——来支撑。因此，政府认为，为了取得对巴西和相关各方都有利的结果，关键在于遵守并善于利用国际制度。另外，国家适应谈判环境及私营企业应对和适应各种新活动的能力也都有待提高。巴西采取的往往是防御性立场，即便偶尔主动出击，也只是集中在农业等较具竞争性的领域，而这些领域即使至为重要，也并不能代表国家的总体利益。

总统外交和国家形象的重塑

在外交行动中，卡多佐政府效仿其他国家越来越常用的做法——总统亲自出马。科洛尔·德梅洛政府曾经"预演"过总统外交，但由于要面对巩固政权的挑战，结果显得不堪一击。从某种程度上说，继雷亚尔计划获得相对成功之后，总统外交促进了巴西形象的重建，使其在多边机构、各国政府，尤其是富裕国家眼中得到巩固和合法化。杰诺伊诺（Genoíno，1999：7）认为，政府的外交政策不断地力争"在内部稳定的基础上重建外部信任"。达内塞进一步证明了这一点，他认为卡多佐政府从一开始就试图两手一起抓：

> 一方面是国力得到加强，这归因于社会稳定以及诸如加入南共市等经济因素和经济开放所带来的刺激；另一方面是总统作为总统外交的主人公所体现出来的个性和使命，这种总统外交如今受到世界主要领导人的推崇。

（Danese，1999：7）

但是，国外形象的改善只是从一个方面回应了巴西在国际舆论中的地位问题，而国际舆论受到了富裕国家现有认识的很大影响。有关人权、少数族裔、儿童、原住民、犯罪、环境、贩毒等敏感问题都成为损坏巴西形象的因素，政府的激进主义乃至为了维护宏观经济稳定而接受外来的霸权标准也难以将它们破解。很显然，这些问题不能完全归咎于政府，因为它们在许多贫困国家——尤其是拉丁美洲——普遍存在。不过，它们的确削弱了巴西的国际地位。

卡多佐在位时实施的变革产生了良好成效，其中值得一提的是，巴西在国外的公信度得到提高，使其不仅得以吸引外国直接投资，从而有利于宏观经济的稳定，还使巴西在处于1999年汇率危机等可能引发金融和经济危机的形势下，得到多边组织和发达国家政府的支持。与此同时，在这两个任期中，除2000年取得4.4%的增长率（Intal，2003：7）以外，巴西经济增长一直疲软，与此密切相关的重大趋势成为一种制约，使其无法利用外交政策来向自己的战略目标推进，不管是在经济上还是在政治上。巴西参与了一些重要的国际讨论，比如在试图建立新的国际金融秩序方面，政府认为这种秩序将有助于规范可能引发危机的不稳定资本的流动。以上参与反映了它所面临的窘境：它难以对权力更大的相关行为体仍然不赞成的议程施加影响——那些行为体似乎并不关心卡多佐时期的控制权或其受到的限制。由此看来，在得到国际主流允许或巴西的利益目标为部分发达国家所接受时，参与型自主的战略可能实现了自己的目的。这是因为卡多佐政府取得的成就是源于外部合作伙伴的倾向、意愿与合作。如果没有这些因素，就不会有积极成效，正如试图改变国际金融秩序以避免引发新兴市场和世界范围的波动性危机的努力那样，尽管巴西大力参与，最终的结果却并未完全如政府所愿。

卡多佐执政时期，可能与国外的趋势一致，国内议程中的外交关系问题似乎得到极大重视。出于不同的原因——有些涉及对政府政策的批评——国际关系引起了社会和媒体的更大关注和兴趣。"商业协会、联盟、非政府组织、议会、公众舆论等，从来没有像现在这样热衷于讨论巴西与世界的关系。"（Silva，2002：302）

政府一直重视与美国和阿根廷的关系，并为改善这些关系不遗余力，尽管并非总是很成功。在国家和政府首脑就"第三条道路"问题而举行的非正式会议上，巴西更为正面的形象开始出现，这尤其归功于费尔南多·恩里克·卡多佐的聪明才智和政治地位，并得到比尔·克林顿和托尼·布莱尔等领导人的肯定。但是，这似乎不足以改变发达国家关于巴西的负面舆论。很多情况下，由于总统外交和实施参与型自主的战略，国际社会对卡多佐总统及其在各种全球论坛成功发声表示敬意，但在各种被视为战略性的问题上，这种敬意并未给巴西带来具体的进展。

对美关系

从卡多佐上台的 1995 年开始，政府就努力改善与美国的双边关系，通过克服由来已久的分歧——有些分歧可以追溯到巴西的军人政权时期——而取得了积极成效。尤其值得一提的是，华盛顿很看好巴西的宏观经济稳定政策。还有其他一些因素也鼓舞了两国的进一步合作，其中包括：巴西接受"导弹及其技术控制制度"（MTCR），承诺签署《不扩散核武器条约》（NNPT）并于1997年正式签署，普遍承认对美建设性关系的重要性等。1995年，卡多佐清楚地表明了这些关系的重要性，他说，"由于其在世界秩序中的核心地位，美国是我们最重要的合作伙伴"（*Estado de S. Paulo*，1995）。

对巴美关系的分析有助于我们更好地了解巴西外交政策的变革。在努力改善双边关系的过程中，巴西既强调其在国际行动中的自主权，也坚持自己作为全球贸易商和参与者的身份。发生于巴西军政府时期的冲突，与外债相关的问题（若昂·巴普蒂斯塔·菲格雷多、若泽·萨尔内和费尔南多·科洛尔·德梅洛几届政府一直饱受外债的困扰），更不用说严格意义上的激烈政治或贸易争端等，似乎都已烟消云散，或者起码减轻为一般性的外交关系冲突。换句话说，走参与型自主之路被看作在不需要做出妥协或自动依附的情况下，进一步密切了两国关系。由此来看，如果美国的行动对巴西利益构成威胁，巴西将可以持反对态度。美国虽然在全球和区域范围内权力巨大，但在20世纪90年代开始形成的多极化局势下，它会发现自己的行动能力受到限制，从而为巴西参与国际事务提供了新的可能性。（Lima，1999）在卡多佐执政的最后两年，尤其是2001年"9·11"袭击事件之后，国际关系的演变似乎使一系列新问题在21世纪前叶凸显出来，这在某种程度上也要求国家投入更大的精力（可能也承担更大的风险），以维持强有力的双边关系。

卡多佐在政策上不断探寻合适的方式以参与国际事务，同时兼顾美国的主导地位——从而明确承认了与美国保持良好关系的重要性，这对保障巴西的自主性及其在南美的生存能力十分必要。卡多佐认为，"我们必须既要保持与美国的良好关系，也要保持我们规划南共市的南美空间的能力"（*Estado de S. Paulo*，1996）。这是实用主义政府经常采用的观点，在它们看来，已经存在的现实是"投入"，而不是可以视而不见或可有可无的结果。简而言之，在对美关系上，巴西清楚地表明了一种合作的政策。

在对美国的问题上，良好的双边关系和参与型自主政策被认为至关重要，它可以提高巴西在国际舞台上的地位，而这是一个从其所在的南美洲平台开始的过程。这一观点并非始终贯穿于巴西的外交行动之中，但在其他历史时期也曾受到欢迎，包括里奥·布兰科男爵担任外长（Bueno，2003）和奥斯瓦尔多·阿拉尼亚执掌外交部期间（Vigevani，1989）。卡多佐指出，巴西的重点是"巩固南共市，这不仅是我们短期参与的范围，还是一个平台，通过这个平台，我们可以与世界经济的其他中心加强联系"（Cardoso，1993：9）。在开放型区域主义的背景下，"必须始终留有选择的余地"是一种合理的推定（Cardoso，1993：9）。在与美国关系更加密切的同时，还要综合权衡，"在国际行动中不能……将自己局限于排他性伙伴关系或简单化标准。我们必须在多个层面行动，与多个伙伴交往，在多个场合出现"（Cardoso，1993：9）。1993年，身为伊塔玛尔·佛朗哥政府外长的卡多佐提出了以上理论，为他自己两届总统任期的行动奠定了基础。

在多种场合行动的原则的确得到实施。通过分析卡多佐第一任期对美洲自由贸易区所持的态度，我们不难感受到其所表明的外部制约所带来的压力。简而言之，1994 年 12 月，迈阿密峰会召开，卡多佐陪同即将卸任的伊塔玛尔·佛朗哥参加会议。会议结束后，巴西政府决定尽量推迟成立美洲自由贸易区。1998 年 4 月，第二届美洲自由贸易区峰会在智利的圣地亚哥举行，此次会议之后，巴西的政策终于发生转变。1995 至 1998 年谈判期间，推迟之论传递出对于自主原则的捍卫。在保持南共市的优先地位方面也采取了这种方法，尽管该组织正困难重重。卡多佐指出，南美洲应该被视为"我们的历史和地理空间"（Cardoso，1997：4），因此，"对巴西而言，南共市是我们的战略棋子，但这还不够：我们还需要这种更广泛的参与"（*Estado de S. Paulo*，2000）。

可以说，这并不是一个脚踏两只船的问题。对政府而言，不同的谈判应该相互补充，而不是相互对立。不过，在政府看来，具有政治家风范的行为意味着能够从容应对各种情形。如果美洲自由贸易区不能达成一致，南共市的难题也久拖不决，那么，南美洲空间问题的重要性就会重新凸显，在伊塔玛尔·佛朗哥总统任职的后半期，塞尔索·阿莫林执掌外交部时就是如此。同样，这也不是一个削弱对美关系重要性的问题——这种关系仍然会十分关键——而是为了提高巴西的谈判能力及其在半球谈判中的筹码。除此之外，由于希望成为联合国安理会常任理事国，巴西对"南美的选择"到头来也会大有帮助，因为它会使巴西作为地区强国的地位得到认可。（Lima，1996：152）

在卡多佐的第二任期中，巴西在美洲自由贸易区问题上的政策更直接地受到相关制约因素的影响。继圣地亚哥峰会之后，在总统的支持下，外交部指明了巴西可能面临的孤立风险，而美国市场是极为重要——不仅是对巴西而言——的因素，在这种背景下，孤立尤其不受欢迎。因此，合作和参与型自主的战略终于推动巴西更积极地参与谈判进程。由于希望主动参与讨论美洲自由贸易区的具体管理制度，巴西的态度变得坚定起来，并通过将对巴西和南共市十分重要的事项和概念融入诸如"一揽子承诺"的主张等更为广泛的议程，而取得了一定成效。不过，巴西最终未能从根本上修改谈判议题，其基本的法律框架几乎没有为有违北美利益的议题留下什么空间。

诸如非专利药的药品专利权等其他双边议题被提交至世贸组织，在这个国际机构中，巴西可以更广泛地为自己的立场辩护。推行实用主义以及在不牺牲本国利益的前提下寻求合作途径，会使巴西较好地平衡这些关系，即便不能达到预期成效，也能避免重大损失。与此同时，我们还应该注意到，参与型自主蕴含着这样一种假定，即美国虽然占据主导地位，但对国际政治仍然会采取一种更加合作的多边主义途径。一旦它停止这样，正如在卡多佐执政最后两年的情形，美巴关系就会出现动荡，批评之声也会变得尖锐起来。世贸组织向美国提出了新的要求，而巴西对美洲自由贸易区的态度也变得更加强硬，它既要与当选总统卢拉的战略相吻合，也要与巴西通过新的提议——比如针对南共市所面临的挑战而提出的"南美洲区域基础设施一体化倡议"（IIRSA）——而在南美洲重新确立的领导地位保持一致。

南共市与南美洲

卡多佐执政期间，起码在话语层面，一种与地理相关的政策逐渐成形，并经常成为对外行动的参照。这也许只是一个假设，但我们知道，在过去，甚至在萨尔内政府时期，区域性政策并未完全居于中心地位。南共市与梅内姆领导下的阿根廷政府的利益相一致，所以，将南共市理解为开放型区域主义，就可以使巴西在避免排外主义或与他国结盟的同时，遵守自己所愿意遵守的惯例和国际制度，并确保可以保留"一个自主保护区"（Pinheiro，1998）——通过区域内的操纵，可以使该保护区成为现实。遵守部分惯例和制度有时可以促进"软实力"的加强，而由于国家形象的改善，这种软实力已经重新显现。坎波斯·梅洛认为，普遍主义和区域主义的关系可以确定如下：

> 20世纪90年代的普遍主义最初表现为区域主义：正是由于区域主义，巴西才找到了主要的空间，得以重申自主，并通过南共市的次区域性参与过程和参与南美洲的新倡议，来抵制半球参与。① （Campos Mello，2000：112）

南共市与欧盟之间关于自由贸易区的讨论，以及对中国、印度等战略伙伴的寻求，是需要与区域维度一同思考的问题。兰普雷亚（Lampreia，1999：12）认为，"尽管一方面其实意味着失去一定的自主，但另一方面，在制定对巴西至关重要的国际制度和规范时，南共市能增强巴西的能力，使其以更加坚定、更多参与的方式采取行动。"尤其是在卡多佐的第二任

---

① 这里的"半球"指"西半球"，也即"美洲"，巴西政府对美洲一体化持反对态度。——译者注

期，存在着一种强烈的呼声，既希望在美洲自由贸易区谈判问题上，南共市成员国之间能保持最低限度的共识，又希望在2002年巴西利亚会议之后，努力构建南美的一体化空间。

在卡多佐政府看来，有两项行动很好地表明了南共市在政治上得到巩固。首先是巴西和阿根廷在与国际原子能机构（IAEA）达成一致的情况下，共同遵守《不扩散核武器条约》，从而宣告了一个阶段的结束——在此之前，军用核能既是两国关系的未知数，也是与南共市其他国家关系中令人担忧的焦点。两国政府承诺，发展核研究只是为了和平与可控的目的。其次是1996年、1999年和2001年巴拉圭发生制度危机时对于民主的捍卫，以及将民主条款纳入南共市，并通过1998年的《乌斯怀亚协议》得到确认。

巴西参与国际公益的区域框架（Valadão，2005）不仅会带来区域的稳定（Silva，2002：316），还能立竿见影地提高自己在国际社会的地位。其他的行为也应当作此考虑，比如协助解决秘鲁与厄瓜多尔之间的边界争端，以及在2002年底的委内瑞拉危机中，卡多佐政府与即将上台的卢拉政府协同配合，为捍卫民主做出了努力。

在国际场合，格劳秀斯模式可以与"符合在全球广为传播的价值观"（Cardoso，2000：6）的普遍的、合作的观点相结合，皮涅罗（Pinheiro，2000）认为此举与在区域范围内实施的政策有相似之处。在实施这些政策时，似乎运用了权力差异，以避免各种形式的超国家性，并在面对区域外合作伙伴时确保自主。在这种意义上，不难看出，将利益最大化的努力，意味着要有差异性而不是同质性的政策。

卡多佐执政时期，南美洲在巴西的政策中始终占据中心地位，这不仅表现在为巩固作为关税联盟和即将成为共同市场的南共市而做出的努力，还表现于其他的行动。无论如何，这不是一种偶然的趋势，因为该政策从萨尔内开始，经由伊塔玛尔·佛朗哥和卡多佐而得到延续——卡多佐政府的行动与南美地区保持着相对的一致，尽管并非事事如此。从这种意义上说，被调动起来的不仅有政府部门和私营企业，还有某些战略性支柱产业。比如，国家的能源格局得以重构，在过去，一直到20世纪80年代后期，能源供给高度依赖从波斯湾（尤其是沙特阿拉伯和伊拉克）进口，而到90年代，进口对象国改成了阿根廷和委内瑞拉。部分基础设施的大项目也得以实施，包括电网和天然气管道的连通。但另外，区域性制度却未能得到充分加强。相反，自1998年起，尤其是在1999年，南共市陷入重大危机，进一步表明该组织是一个并不完善的关税联盟，它无法改变这一地位。

换言之，在卡多佐时期，无论是巴西社会还是整个国家，都不是很愿意为追求国际目标而承担成本和义务。在绝大部分国民的支持下，1999年1月雷亚尔贬值，给南共市和包括玻利维亚在内的联系国造成了严重后果。尽管各国危机的根源各不相同，但如果巴西提出寻求补偿方式的倡议，会有利于区域战略。而在政治层面上，政府表现出了一定的软弱性，对哥伦比亚问题的态度就说明了这一点。联合国、欧盟以及部分拉美国家曾经成立一个小组，共同商讨谈判条件，以促成哥伦比亚政府、哥伦比亚革命武装力量（FARC）和国民解放军（ELN）三方之间达成协议，但巴西没有参与，从而削弱了自己在哥伦比亚危机事件中的影响力。

政府认为，巴西在南美地区地位的提升增强了它在区域之外的谈判能力，但国家难以相应地加大努力，以实现这一目标。这不仅仅是一个管理问题，还因为那些害怕担负参与成本的地区和社会部门所造成的其他国内矛盾。除此之外，巴西领导人还面临着实际和原则两方面的难题。涉及阿根廷时，这会是一个尤为敏感的问题。所以，当时流传着一种观点，认为巴西如果渐渐占据主导地位，也完全是顺理成章，因为这个国家的人口更多，经济实力也更强。反之，拒绝不同形式的超国家性，则可以在必要的情况下，保障巴西在与本地区其他国家交往时坚持自主。

尽管如此，在卡多佐的第二任期，为了理清与美国的关系，南美问题的强势回归以及对南共市的有意强化都被认为十分必要。在美洲自由贸易区上的谈判表明，美国对许多国家来说都非常关键，不管是在贸易上，还是在战略、金融、技术和文化等方面。卡多佐政府意欲借助安第斯发展公司（CAF）、巴西国家经济社会发展银行（BNDES）和拉普拉塔河流域发展基金（Fonplata）的资源，采取切实的措施，这说明区域性政策需要更加现实的平台。尽管在保持身份意识和相似的区域观方面原本可能存在共同利益，但对这一点始终都强调不足，未能使参与问题成为联结这些利益的纽带——不管是在巴西国内还是在其邻国之间。

世贸组织、南共市、欧盟和美洲自由贸易区

卡多佐在位期间，从参与型自主的角度出发，主要推行一种三管齐下的多边贸易谈判政策，具体涉及世贸组织、南共市、欧盟以及美洲自由贸易区，其目标非常明确，即"更加

重视多边谈判而不是双边谈判，相信对具有巴西这样特色的国家而言，多边谈判能提供更大的成功机会"（Silva，2002：325）。各种谈判之中，在世贸组织框架下开展的谈判被视为"最佳论坛，在制定国际层面的经济规定时最符合我们的利益"（Lafer，2001a：231）。

政府认为以上选择合情合理，这种看法也得到广泛的政治和社会支持，因为世贸组织

> 根据其所处理的问题的不同，而促成了多个不同的联盟，因此，"自动依附"的现象在贸易多边主义中并不常见。在世贸组织内部，美国并不是形成这种联盟的唯一因素。各国都有一定的影响力，通过联合行动的力量而拥有主动权。决策过程中达成共识的规则和行为最终带来了一种民主化特色，它贯穿该机构活动的始终。（Lafer，1998：14-15）

正因如此，巴西的目标之一就是为世贸组织注入新的活力。（Lafer，2002）不过，这些可能并不会自动变成现实；为了巴西的利益，必须理解和分析它们，将它们传达到全国各地，传达到整个社会，这是一个需要努力和投入充分资源的过程。尽管如此，在很多情况下，这一政策还是带来了明显令人满意的成效。

世贸组织被视为符合巴西经济利益的最佳选择，这是因为"它反对资源滥用，会为相对合理地解决冲突提供充足的资源，而换一种情形，这些冲突就会以适者生存的方式来解决"（Silva，2002：325）。这方面的主要机制是争端解决机构

（DSB），巴西政府和企业遇到贸易争端时，都曾诉诸该机构。通过使用这些手段，以及成立特别小组，巴西的确取得了一些胜利——比如在汽油问题上，最终的决定就有利于巴西，而不利于美国。

不过，最有名、最重要的也许要算加拿大庞巴迪公司和巴西航空工业公司之间的争端。对加拿大而言，冲突的焦点在于巴西为生产飞机所提供的补贴，这种补贴违反了《马拉喀什协议》所确立的世贸组织的规定。而巴西则指控庞巴迪公司运用不当方式销售自己的飞机。经过几年的诉讼，两国都宣称对仲裁表示满意。世贸组织采取的解决方法是授权巴西采取报复的权利，以补偿其损失，同时针对加拿大的请求，建议巴西重组政府出口融资项目（PROEX），以便适应世贸组织的规则。

在另一起具有重要社会和经济意义的争端中，巴西取得了明显有利的结果，这就是巴西政府与大型制药公司——尤其是北美的公司——之间的争端。政府从艾滋病问题在国际国内的重要性及其对人口的影响出发，要求打破抗艾药品的专利。根据公共利益应该高于利润的观点，国家将其要求合法化，并赢得世贸组织大部分成员国、联合国以及与公共卫生和人权问题相关的非政府组织——尤其是世界卫生组织（WHO）——的支持。2001 年 11 月的多哈部长级会议启动了新一轮贸易谈判，在这次会议上，美国接受了其此前曾经反对的协议，从而使发展中国家打破涉及公共卫生问题的专利成为可能。世贸组织部长级会议的决议也对巴西有利。据卫生部官员称，这一制胜策略的制定和实施显然受到与此问题相关的国家机构的推动。暂且不谈是否有隐含的政治和选举问题，鉴于卫生部长若泽·塞拉有望参加 2002 年的总统竞选，这些事件表明，在制定和实施巴西外交政策的某些具体方面时，跨部门通力协作是多么重要。

2001年"9·11"事件之后不久，世贸组织在多哈启动了新一轮多边贸易谈判，重新回到乌拉圭回合未能解决的问题上来。在整个20世纪90年代，巴西的干预始终以捍卫农产品贸易自由化为中心，政府认为，破除非关税壁垒和取消补贴是保障该轮谈判成功的一个条件。

就卡多佐时代与欧盟的经济关系而言，值得一提的是《南共市与欧盟合作框架协议》。1999年，欧盟和拉美的国家元首和政府首脑在里约热内卢举行峰会，为这些谈判拟定了新的框架。巴西解决了国内的难题之后，欧盟就于2001年7月提出了新的建议，以加快谈判进程。不过，尽管欧盟针对两个组织之间的贸易自由化提出了具体而广泛的建议，却并未受到南共市成员国的欢迎。这不仅是因为这些国家经历了政治和经济危机，更重要的是因为欧盟的建议在一个关键问题上未能令人满意，即没有在农产品上做出重大让步，从而使任何进展都无从谈起。

欧盟之所以在2001年试图加快有关自由贸易区的谈判，部分原因在于担心美国的影响可能会扩大。美国正通过大量的双边自由贸易协议来调整国际经济关系，欧盟担心这一政策可能削弱多边主义，尤其是可能威胁欧盟作为世界最大贸易集团的地位。它还认为美洲自由贸易区可能会对其与南共市的关系产生经济或政治上的潜在影响。对巴西而言，与欧盟的关系成为一种战略立场，一旦与美国的谈判破裂，就可以将它作为备选之用。此外，与美国的态度相反，欧盟始终优待集团与集团之间的谈判，这一做法得到巴西的强烈共鸣。

不过，在与欧盟的谈判中，参与型自主的观点遇到了诸多障碍。在欧盟成员国中，卡多佐政府找到了不少价值观似乎与自己相近的合作伙伴，但彼此的关系却未能如愿地发展。在民主、人权、环境、福利国家和多边主义等方面具有相同的价值观，并不足以协调国家和社会的利益——当这些利益常常互相矛盾的时候。

与欧盟建立伙伴关系，以期在国际舞台上实现地位与行动的一致，这对巴西可能意味着实力的增强。"欧盟－南共市的'友好之轴'在国际社会将有一定的政治地位，它会结束'大西洋三角'，成为介于北美霸权与世界其他国家之间的一个建设性界面。"（Valadão, 2005：131）对巴西来说，鉴于全球性规则和行为规范对确定、贯彻和保护国际公益十分重要，凭借这些规则和规范的指导性影响，它能保障国际政治上的多边主义——而且是以建设性的、不背离参与型自主理念的方式。在卡多佐看来，这将有助于有效管理外交事务，因为巴西无法独立承担此任。（Cardoso, 2001）但这一切到头来效果平平，一方面是因为现实利益的多样性，另一方面还受制于欧洲在冷战后国际体系中的立场。就欧洲而言，由于公众舆论对包括巴西在内的贫困国家并不看好，从而削减了实施对南共市成员国更为有利的政策的可能性。政府之所以难以与欧盟建立更为密切的关系，部分原因还在于欧盟成员国缺乏互惠精神，不愿向巴西及其南共市伙伴开放市场，而巴西却早在20世纪90年代就开放了市场，并吸引了大规模投资，尤其是来自西班牙和葡萄牙的投资。卡多佐认为，如果发达国家不同样开放市场，那么贸易自由化的进一步冲击无疑会给发展中国家的许多经济部门带来损害，并留下比已有局面更为严重的负担。（Cardoso,

2000）

这种形势有助于我们了解美洲自由贸易区，了解它的建立为什么既是威胁又是机遇（尽管在卡多佐第二任期内，机遇的成分有所降低），为什么只是选择而不是未来——这与南共市相反。（Lafer，2001b）在 2001 年 4 月于魁北克举行的第三届美洲峰会上，卡多佐在讲话中表达了自己的观点：

> 美洲自由贸易区的成立，如果意味着向进入更有活力的市场迈出一步，如果真的成为在反倾销问题上达成共同规则的一种途径，如果能降低非关税壁垒，如果能避免对正常合理的规定进行保护主义歪曲，如果能保护它所提倡的知识产权以及我们的人民的科技能力，而且如果能超越乌拉圭回合，纠正当时所明确的不对称现象——尤其是在农产品领域的不对称现象，那么它会受到欢迎。否则，它就会变得可有可无，或者在最糟糕的情况下，甚至变得不得人心。（Cardoso，2001：3）

这不是一个盲目坚持的问题，甚至不是一个坚持的问题，而是在提高国家相对地位方面的一种理想的可能性。它涉及一个国家在寻求相应的国际地位，以便能对世界秩序——尤其是在一个不对称甚至充满敌意的环境中，对事关自己未来的规则和决定产生影响的过程中所提出的要求。与此同时，与历史趋势密切相关的结构因素，如巴西和南美在世界经济中的地位受到削弱等，也严重制约了巴西的谈判能力。值得强调的是，当卡多佐政府意识到美国开始推行的更加单边的外交政策破坏了参与型自主的出发点时，这种情形变得更加显著。此外，政府显然也缺乏制定新的国际参与战略的意愿。于是，在执政的最后两年里，这一届政府在国际上的行动能力日益弱化。

与其他战略伙伴的关系

卡多佐政府努力与其他一些国家建立稳固或特殊的关系，认为它们出于多种原因而具有战略意义。因此，在具体实施过程中，政府奉行普遍主义，尽力维护其所认为的巴西利益。它从不同层面，以不同力度对这些国家或组织给予了特别关注，其中包括中国、印度、俄罗斯、日本、葡萄牙、葡语国家共同体、古巴和墨西哥等。

在卡多佐执政的八年间，巴中关系得到显著加强，其重要性日益提升。比如 2002 年，中国成为巴西的第二大贸易伙伴。无论在经济上还是在政治和战略上，两国关系的加强都具有深远意义。从巴西的角度而言，通过不断密切与中国的关系，使其有关普遍主义、全球参与者和全球贸易商的理念得以实现。巴西表现出了自己作为全球对话者的形象，在不同领域努力将自己的利益最大化，不仅在贸易上如此，在科学技术上也是一样，而且随着双方在卫星技术开发上的合作变得尤为重要。随着外交关系的巩固，卡多佐曾访问中国，并在巴西两次接待中国国家主席江泽民。其中一次访问正值美国军用飞机未经中国允许进入中国领空而引发中美危机期间，华盛顿方面请求巴西从中斡旋，帮助协调解决方案。

巴西还对中国加入世贸组织给予了明确支持，是最早支持中国加入世贸组织的国家之一。因此，谈判得以朝着使双方意愿符合世贸组织规则的方向发展，尽管这意味着中巴双方需要相互做出让步。在日内瓦，鉴于两国的某些共同特征，比如都存在广阔的消费市场和大量国外直接投资的进入，双方根据利益相对均衡的原则，形成了在世贸组织进行政策协调的框架。不过，由于两国在国际经济参与中的差异，使得协调难以持续，尽管在卡多佐任期内，巴西对中国的出口量翻了一番。最后，在 1982 年的《科学技术框架协议》范围之内，两国的空间研究合作计划取得成果，四颗中巴卫星中的第一颗"资源一号"01 星发射成功，为两国既创造了知识，也创造了财富。① 此外，两国公司还在对方国家举行贸易展览会。

巴西与印度在国际政治和贸易立场上也存在着大量的共性特征，这在各种多边论坛上得到体现，表明两国有可能建立富有成效的关系。不过，在卡多佐执政的八年间，尽管巴西表现出了兴趣，这些共性特征却未能转变成具体成果。两国间的贸易几乎没有增加，清楚地表明了发展中国家关系中存在的客观困难，虽然有合作意愿，但两国经济的限制因素和非互补性制约了合作的可能。印度进行第一次核试验时，正值《全面禁止核试验条约》（CTBT）谈判之际，于是兰普雷亚部长发表声明，表达了巴西的反对立场，巴西也因此终止了与印度的核合作协议。由于印度采取了更为强硬的立场，国际贸易谈判中的政策协调也遇到了阶段性困难。

在对俄关系上，我们想强调的是 20 世纪 90 年代贸易往来的显著加强，尽管总量依然相对较小。就巴西方面而言，农产

---

① 迄今为止，中巴两国已联合研制六颗地球资源卫星，在此书英文版出版之前，已相继发射资源一号 01、02、02B 和 02C 星；其后，03 星于 2013 年 12 月 9 日发射失利，04 星又于 2014 年 12 月 7 日成功发射。——译者注

品——主要是与食品行业密切相关的农产品——出口大幅增加。

日本的经济停滞对其与巴西的双边经济和政治关系产生了影响。在20世纪80年代，日本被视为新兴大国，但到90年代，它在国际舞台上的重要性却有所下降，这也影响到了它与巴西的关系。从经济角度来看，日本仍然是一个重要市场和工业大国，但在90年代巴西所推行的私有化过程中，日本却没有参与对巴投资。尽管如此，日本还是合作参与了巴西的重大开发项目。卡多佐执政时期，巴西宏观经济平衡，金融稳定，这增强了日本企业的信心，这些企业开始在部分项目上与巴西合作，尤其是在环境方面，比如为汽车行业开发生态友好型燃料，具体而言就是甘蔗乙醇。两国还在基础设施和社会问题上开展重要合作，比如在基础卫生领域，以及对医院、学校、市政工程等的资源配给——有时是以拨款的方式。在双边关系中，具有同样重要性的还有巴西籍日本人短期或永久移民日本，从而成为旅居海外的第三大巴西人团体。为此，日本向巴西的汇款大幅增加。

巴西与葡萄牙的关系主要体现在投资上，即巴西国有公司在私有化过程中被葡萄牙购买；就此类投资而言，欧洲国家中只有西班牙位居其前。卡多佐执政期间，巴西虽然在里斯本的外交舞台上刻意保持"低调"，但在葡语国家共同体成员国的作用仍然不断扩大，与非洲葡语国家的关系也得到恢复，尽管在复杂的非洲政局中，巴西仍然处于二级地位。巴西向安哥拉派出了一支维和部队，这是二战以来它派往海外的最大一支队伍，此举重新激发了巴西公司对安哥拉的兴趣。巴西还向东帝汶派遣了一支规模较小的维和部队，就其政治和象征性影响而言，这一决定也十分重要。在卡多佐的第二任期内，巴西在控制艾滋病病毒传播方面的努力取得一定成效，巴西合作署（ABC）为抗击艾滋病采取了诸多措施，为非洲国家培训了公共卫生人员，从而使得该领域的横向国际合作得到发展。（Silva，2002）

南非对种族隔离制的废除使得两国的关系密切起来，并通过南非与南共市的框架协议而正式确定。不过，尽管巴西和南共市都承认南非在国际以及非洲的地位，但由于经济上的制约以及制度上缺乏互补，在该协议的范畴内，双方的关系难以得到深化。

在对尼日利亚的关系上，巴西的兴趣主要在于通过巴西石油公司的参与而勘探和进口石油。

巴西和古巴的关系一直保持稳定，卡多佐政府不断批评美国的经济封锁政策，明确支持古巴重新融入美洲社会。在避免引发更紧张局势的前提下，卡多佐政府竭尽所能地劝导古巴政府尊重民主和人权。两国的经济和贸易关系仍然停滞不前，尽管在医药、农产品、旅游、学术和专业交流方面签署了一些协议。双方还签署了投资保护协议，却不足以激发巴西公司对这个岛国产生更大的兴趣。巴西还支持古巴加入拉美一体化协会（ALADI）。

在卡多佐执政的大部分时间里，由于墨西哥坚持《北美自由贸易协定》（NAFTA），而使巴西与墨西哥的关系受到影响。在部分谈判——尤其是涉及美洲自由贸易区的谈判——中，两国的立场大相径庭，因为墨西哥的隐含目的是维持其进入美国市场的优惠待遇。此外，在卡多佐的第二任期，南共市危机日益严重，而墨西哥的经济不断增长，表现出巨大的外贸潜力，使得巴西公司——尤其是汽车行业的跨国公司——努力开拓墨西哥市场。于是，自 2000 年起，两国的贸易关系得到一定的发展。

应该承认，在针对与战略伙伴——主要是中国、印度、俄罗斯、南非等在发展水平上与巴西比较类似的伙伴——的关系问题上，以上大部分举措虽然重要，却只是在参与型自主策略表现出局限性时，它们才有用武之地。或者更确切地说，巴西原本可以对在国际舞台上处于中等地位的伙伴之间的潜在互补性加以利用，但由于要维持与发达国家的良好关系，而使这种刚开始出现的可能性受到制约。

小　结

在对卡多佐时代的分析中，有一个问题至关重要，即哪些结构性条件对参与型自主取得一定成功产生了影响。如今看来，在 20 世纪 90 年代，尤其是卡多佐执政八年间，尽管巴西做出了不懈的努力，却不足以阻止南美和巴西的国际地位在某种程度上双双下降，其增长率低下就说明了这一点，结果导致南美国家在世界经济中的作用也日益下降。不过，正如我们力图表明的那样，卡多佐政府通过自己的外交政策为遏制这一趋势付出了努力，因而功不可没。我们还看到，富裕国家公共舆论所流行的实际和象征价值观也是造成南美和巴西地位下降的原因，这种价值观还传播到其他地区。例如，为了抵制与人权、劳动权和环境保护等相关的议题在贸易领域的影响，巴西政府曾尽力避免将它们纳入世贸组织谈判的范畴。在一定程度上，巴西外交所取得的成功可以归功于合作性的国际环境，在这种环境下，相互依赖成为普遍现象，使得利用多边论坛的可能变成了现实。

克林顿政府推行的一项政策与卡多佐执政有过六年（从1995年到2000年）的交集，即建构多边主义规则和制度，哪怕是在极为艰难的、美国明确拒绝放弃其单边主义法规的谈判中。美洲自由贸易区的谈判困难重重，就是源于美国谈判代表决不放弃这些制约因素。换言之，在卡多佐执政期间，通过贯彻参与型自主的理念，巴西外交政策的多边主义传统得到恢复；通过贯彻这一理念，同时为了实现这一理念的发展目标，巴西向国际关系的中心又迈进了一步。

但2001年1月之后，布什政府修改了国际关系的概念框架，给各国带来了新的现实和理论难题。新政策再度重视单边主义，专注于安全问题，并在"9·11"事件之后得到强化，从而给参与型自主的理念带来了新的压力。这一理念在原则上并未失效，但显然具有了新的特征，包括需要大力加强谈判能力和国际联系，乃至最终不得不寻找新的途径，避开可能出现的关系破裂或不参与、不合作的情形。这使卡多佐政府感到忧虑，它一方面坚持发展与中国、印度、南非的关系，另一方面力图在美洲自由贸易区谈判的框架下稳定与美国的对话，同时还努力加强南共市与欧盟的关系。

在拉费尔于2001~2002年执掌外交部期间，迫于环境的压力，参与型自主的实践因为制度的变革而受到弱化。在不放弃前述战略的同时，出现了一种借助"具体外交"来进行"整顿"的尝试。（Lafer, 2002）

在美国的压力下，若泽·毛里西奥·布斯塔尼大使被免去禁止化学武器组织（OPCW）总干事的职务，这表明政府希望与国际社会——尤其是美国——保持合作关系。当时，主要由于美国的行动而给国际社会带来的变化，这些关系变得正常化的可能性正日益降低。在政府看来，萨穆埃尔·皮涅罗·吉马良斯离开外交部所属的国际关系研究院（IPRI），也是维持等级体系的一种努力。

在卡多佐的两个任期内，尤其是通过贯彻"总统外交"，强化了巴西在部分重大国际辩论中的表现。正如我们所见，政府当时面临着各种外部制约和内部缺陷，从而阻遏了其在国际社会中的优秀表现。

为了获得平衡和进行成本效益分析——这一向并不容易——我们认为，如果巴西国内做好了准备，能对战略的变化加以利用，那么，通过顺应国际主流而推行参与型自主之"得"肯定会大于疏离型自主之"失"。然而，国力的下降到头来了削弱了这种能力。巴西在部分谈判中的活力产生了较好的效果，派出专门小组应对世贸组织中的争议就是其中一例。但在遵守国际制度和规范的同时，国内却没有做出相应调整，从而未能使巴西从中获益。同样，这种遵守也并未总是从有利于国内增长的角度来考虑，不管是在发展方面还是对工业政策而言。

在卡多佐执政的后期，政府曾致力于解决人力资源开发问题。外交部自身就此采取了特别措施。顺应国际主流、积极参与谈判以及政府努力保持的形象都表明了这种开发的紧迫性。为了解决这一问题，采取了一些具体措施，比如对里奥·布兰科外交学院（IRBr）[2]的入学考试进行改革等。该学院也开始要求申请者必须是本科毕业，并将其课程调整为专业硕士学位课程。另外，外交部的结构也有了一些机制变化。在卡多佐第一任期之初，外交部作为国际贸易谈判中心的地位得到巩固，表明相关人员必须具备很高的专业水平和与时俱进的能力。最后，外交部与其他各部之间有了更多的合作互动，与相关专业领域的学者以及企业、工会和非政府组织之间也有了更多的联系——尽管有时候并非十分必要。

与此同时，巴西在国际上的国家形象得到改善。它的和平行为得到巩固，并逐渐因其建设性立场而受到尊重。但是，由于发展不力，巴西在世界经济中的地位不断下降的历史趋势还在持续，从而削弱了其在相关国际谈判中的议价能力。富裕国家公共舆论所表现出来的关于贫困国家的负面形象，以及对贫困国家尤其容易产生影响的内部问题等，也使得优势最大化变得错综复杂。巴西力图在拉丁美洲扮演更加重要的主导角色，最终却由于自己的内部局限而受到影响。

就卡多佐政府的外交政策而言，这些制约使其未能取得可喜可贺的重大成就，尽管也没有蒙受损失。但是，它的部分举措却使其对手兼继任者卢拉在国际舞台上走出了一条创新之路。卢拉政府在外交上的根本立足点就是用多元化自主的理念取代参与型自主的理念，从而使巴西巩固了一种更加积极的外交政策，以维护自身的利益。为了应对美国的单边主义，卢拉政府选择重新推行多边主义，发挥其作为建立国际政治秩序的原则的作用，并将其视为一种广泛的运动，以实现国际社会的权力分散和规范。正因如此，巴西才倡导成立了"三国对话论坛"，建立了为应对世贸组织多哈谈判的"20国集团"，并与非洲和阿拉伯国家建立联系等。与卡多佐政府相比，卢拉政府的另一重大变化就是明确表示，愿意承担在世界上——尤其是在南共市和南美洲——担任领导角色的成本。

注释：

[1] 1994 年 9 ~ 12 月，戈麦斯担任了为期三个月的财政部长，在卡多佐第一任期开始前辞职。其在任期间恰逢一个特别敏感的时刻："雷亚尔计划"于两个月前开始实施，一个月之后又将迎来卡多佐与卢拉争夺总统宝座的大选。

[2] 里奥·布兰科外交学院是隶属于巴西外交部的教育机构，是通往外交生涯的路径。

第五章
卢拉的外交政策和多元化自主之路

引　言

与卡多佐政府相比，卢拉政府的大部分话语都强调变革的必要性，正如总统本人在就职演讲时所说："变革，是关键词，也是十月大选时巴西民众发出的普遍呼声。"（Lula da Silva，2003：27 - 28）

卢拉政府的许多举措都是基于国际贸易谈判的框架，以及努力深化与印度、南非、俄罗斯、中国等新兴国家的政治合作。这些合作关系在卡多佐政府末期已初现端倪，但卢拉首次强调了巴西国际议程的这一方面。

随着印度、巴西、南非三国对话论坛（IBSA）——亦称3国集团（G3）——的成立，卢拉政府正式确立了与印度和南非的战略关系。而对俄罗斯和中国，巴西则努力加强在贸易、科技和军事领域的交往。尽管圣保罗州工业联合会（FIESP）表示反对，卢拉仍然承认了中国的市场经济地位。这招致了一些受到所谓不公平竞争影响的行业的批评，认为巴西的外交政策置国内的某些重要行业于不顾。而到我们写作此书的 2009 年上半年，中国已经成为巴西的头号贸易伙伴。

　　基于发展、工业和外贸部发布的数据，普拉特斯（Prates, 2005/2006）的统计整理表明，从 2002 年到 2005 年，中国占有巴西出口的份额从 4.2% 上升至 5.8%，而进口也显著增加（从大约 24 亿美元增加到超过 53 亿美元）。但是，由于中日关系影响，中国无法支持巴西成为联合国安理会常任理事国。在多哈回合的非农业谈判中，中国和巴西甚至没有成为合作伙伴。经过数月的谈判，为了"确保五年之内，俄罗斯在任何情况下都不会减少巴西肉类食品进入该国市场的份额"，巴西支持俄罗斯加入世贸组织。（*Valor Econômico*, 2005）

　　尽管没有明显背离巴西外交政策的范式——有些原则只是对卡多佐政府已经采取的行动的强化——但对此前出现的某些选择，侧重点已经有了变化。在政治上保持一定自主的同时，为了不过于偏离一贯坚持的发展国内经济的目的，卡多佐政府和卢拉政府各自采取了不同的外交手段。（Lima, 2005：11 - 12；Lafer, 2001b；PT, 2002：6）

　　巴西自独立以来及共和国时期，政治自主的程度始终是外交政策所讨论的一个问题。一方面努力与美国保持友好关系，另一方面实施自主战略（通过加强经济间的相互依赖来保持一定的操作空间），这些特点可以追溯到里奥·布兰科外长（1902～1912 年）和阿拉尼亚外长（1938～1943 年）时期。（Bueno, 2003；Vigevani, 1989；Vigevani, Oliveira & Cintra, 2004）维护主权和国家利益的思想尽管可能与美国冲突，但在巴西独立外交政策的传统中一直清晰可见，它最初由古拉特总统任下的外交部长圣·蒂亚戈·丹塔斯（1961～1963 年）

所提出，并在盖泽尔政府时期被阿泽雷多·达西尔韦拉所重申。(Cervo & Bueno，2002；Vigevani，1974)

我们在本章将提出如下问题：自卢拉总统上任以来，巴西的外交政策是否发生了政治上的变革？

为了讨论这一问题，我们首先将论述三种自主的概念，以解释当代巴西外交政策所经历的变化。其次，我们将探讨巴西国际议程中的经验性内容，重点关注卡多佐和卢拉执政期间广受讨论的一些外交政策话题。最后，我们将阐明两位总统在国际议程上的不同之处。

三种自主：疏离、参与和多元化

对 20 世纪 80 年代的巴西政治和经济语境来说，一个突出的特征就是国家发展模式的危机。该模式创建于 30 年代瓦加斯总统执政时期，是基于当时的创业型和贸易保护主义国家现实及进口替代的经济政策。

到 70 年代，这种模式已经面临着重重困难，无法为当时严重的经济动荡提供令人满意的应对之策。影响一直持续到 90 年代中期的外债问题和石油危机使局势更加严峻。在这种政治动荡的形势下，越来越多的领域——不管是在精英阶层还是中产阶级或行业工会——都要求国家推行民主改革，结束军人政权。巴西的民主过渡贯穿了萨尔内执政的全程，在这个过程中，可以清楚地看到国家机器的局势有多么危急。这也影响了巴西的外交政策，尤其是巴西与世界其他国家的经济关系（包括投资流向以及金融和贸易）。

从 20 世纪 80 年代后期到 90 年代初，自由主义思潮在国际国内议程中渐渐占据上风。就巴西而言，存在着诸多原因：旧模式显而易见的危机；部分国际机构（如国际货币基金组织和世界银行）的作用；精英阶层和普通民众都认为这些思潮会带来潜在的益处。这种氛围影响了为应对所谓全球化的挑战而实施的经济改革，而其间，新的发展模式的政治和社会反对者们也正面临着各种难题，一时找不出其他的路径。

冷战结束后，国内外形势都发生了变化，表明巴西在国力下降的情况下，难以继续走过去的老路。巴西开始寻找与世界对话的新途径，包括财政部和外交部制定的新策略。到 90 年代，由于重视区域一体化进程，积极开放市场和开展多边谈判，外交部的地位得到提高。（Vigevani & Mariano, 2005：14）

自 1989 年以来，随着东西方紧张关系的缓和，巴西在外交政策上采取防御性姿态，仍然希望维持其自主。在实施"独立外交"期间（1961～1964 年）以及某些军人政权时期——主要是 1967 年以后，尤其是盖泽尔总统所推行的"负责任的实用主义"政策期间（1974～1979 年）——巴西对自主的追求是通过远离国际权力的中心来实现的。（Amado, 1982）这些外交政策被外交部本身所认可，虽然在国内是由彼此大相径庭的政权所实施，但在某些——纵使不是全部——方面，却被视为类似的计划。（Seixas Corrêa, 1995；Fonseca Jr., 1998）瓦加斯总统执政时，巴西的外交政策在二战期间得以保持一种相对独立的姿态，尽管与美国的结盟当时被认为对巩固国家利益很有必要。（Moura, 1980）在 60～70 年代，随着包括古巴革命（1959 年）、不结盟运动（始于 1961 年）、石油危机（1973 年和 1979 年）和越南战争（1959～1975 年）

等在内的第三世界问题变得越来越重要，巴西开始以资本主义国家的姿态出现，但又捍卫南方要求的重要性。另外，在诸如卡斯特洛·布兰科执政（1964～1966年）等某些时期，与美国结成政治和反共同盟又得到普遍的拥护。

不过，在冷战结束之后，外交决策者们开始重视参与型自主的倾向，认为这对巴西更加有利。如前文所述，小方塞卡（Fonseca Jr.，1998：368）曾经指出，"自主……并不意味着要让巴西'远离'争议性的国际议题，以避免其卷入不受欢迎的结盟……自主意味着参与，意味着希望用能表达传统的巴西外交的价值观来影响开放的议程"。换言之，尽管外交政策的限制因素表明，保护主义政策在过去曾经有其合理性，但新的国际格局要求将人权和社会权利、环境保护、民主过渡、自由主义经济改革、自由贸易、竞争、技术流向、投资、资金流量以及加速南美一体化进程等议题综合考虑。从1990年到2002年，这一议程得到不同程度的实施。

冷战时期，国际安全被置于关键地位，但到90年代，其重要性明显降低，而相比之下，那些构成一国软实力的议题似乎变得越来越重要。巴西外交部下设了一些子部门，并根据这些新主题来调整各个子部门的职能。当时有一种观点，认为巴西在以自由贸易为主导的国际体系中会更加受益。在一个关税壁垒更低的世界上加强竞争，可能会使巴西更好地融入全球市场。"参与源于一个简单的现实：鉴于这个国家之大，对我们没有影响的东西简直少之又少。"（Fonseca Jr.，1998：367）

20世纪90年代期间，为了配合这种国际参与的愿景，巴西国内采取了诸多措施，包括货币自由化、降低工业补贴、就知识产权问题重新立法、进口进一步自由化、投资相对自由化、国有企业私有化以及重新启动外债谈判。有些措施坚持了近十年，但私有化计划并非包含每一家国有企业，而宏观经济管理和支持发展政策的工具——如国家经济社会发展银行（BNDES）——仍然掌握在国家手中。

参与型自主的进程虽然在萨尔内政府时期阿布雷乌·索德莱担任外交部部长（1986～1990年）的末期得到加强，并经由科洛尔·德梅洛政府的弗朗西斯科·雷塞克外长而得以延续，但其步伐仍然缓慢。不过，在科洛尔·德梅洛执政期间，当塞尔索·拉费尔于1992年短暂执掌外交部时，对巴西外交政策所采取的新范式从理论上进行了完善。（Campos Mello，2000）

伊塔玛尔·佛朗哥总统（1992～1994年）将外交部制定的目标付诸实施，由卡多佐（1993年）和塞尔索·阿莫林（1994年）具体负责。为了重新界定积极追求的目标，由卡多佐、鲁本斯·里库佩罗和西罗·戈麦斯相继执掌的财政部也介入进来，而遵守国际经济价值观就意味着关注国内的稳定。

决定签署使世贸组织于1994年得以成立的《马拉喀什最后决议书》，讨论南共市的共同对外关税并由1994年12月的《黑金城协议》加以巩固，从而启动了关于建立美洲自由贸易区（FTAA）的谈判——凡此种种，都强化了参与型自主的战略。（Vigevani，Oliveira & Cintra，2004：34）

拉费尔（Lafer，2001b：8）所倡导的既变革又延续的思想在卡多佐执政期间广为流行，它指的是外交政策的革新必须以适应新的国际挑战为特征。因此，外交政策的变革并不需要彻底改变国家的目标；通常情况下，它们只是政治方案上的调整或变化。人们在卡多佐执政时期所看到的，不过是对原本由科洛尔·德梅洛和伊塔玛尔·佛朗哥政府所制定和实施的政策的强化和完善。内在发展的观点受到摒弃，但在 1988 年和 1989 年之前，这种观点一直很流行，当时，政府的主要目标是扩大国内市场和消费、增强和扩充国力、吸引外国投资以及实施进口替代政策。卡多佐政府之所以在外交上取得成功，部分原因在于国际环境具有一定的合作性，在这种环境下，人们认为国际制度的民主化主要发生在贸易领域。在 90 年代，多数国家——尤其是克林顿时期的美国——的经济增长似乎都证明了这一观点。

正如我们在第四章所说，在一些艰难的谈判中，与卡多佐政府（1995～2000 年）有过六年交集的克林顿政府极力强化国际规则和制度。其间，安全与战略规划等问题虽然重要，却不够凸显。2001 年，乔治·W. 布什政府开始改变国际关系的概念，给卡多佐政府带来了新的难题。这并不意味着参与型自主对卡多佐政府已经失效，而是说它被赋予了新的特征。

卡多佐在任末期，对美国单边主义发展所带来的问题感到担忧。这促使巴西加强与中国、印度和南非的关系，并寻求与美国在美洲自由贸易区对话上的更大平衡。南共市与欧盟之间的谈判虽然未能达成共识，卡多佐政府却试图通过这些谈判争取更大的机动性。（Vigevani，Oliveira & Cintra，2004：57）到卢拉政府时期，这一趋势和方向上的实际调整得到加强和更明确的捍卫，表明参与型自主在渐渐向我们称之为追求多元化自主的战略转变。

下面对相关定义做一小结。（1）疏离型自主：该政策不自动接受现行的国际制度，赞同一定程度上的专制，以国内市场的发展为重心。因此，这是一种在某些方面与强国的议程背道而驰的外交政策，提出了维护国家主权的思想，并将其视为主要目标；（2）参与型自主：遵循国际制度，尤其是更具有自由主义倾向的制度，但并不丧失驾驭外交政策的能力，旨在对支配国际体系的原则和规则的制定产生影响；（3）多元化自主：通过包括区域性联盟在内的南南联盟以及与中国、亚太、非洲、东欧、中东等非传统合作伙伴签署协议，来遵守国际规范和原则，尽力减少与强国在外交关系上的不对称，与此同时，与发达国家也保持正常友好的关系，在国际组织中既与它们合作，也削弱它们的力量。

随着卢拉政府的上台，人们期望外交政策的导向可能有所变化。卡多佐和宫本（Cadozo & Miyamoto，2006：3）指出，盖泽尔所倡导的"负责任的实用主义"（1974~1978 年）的某些原则，比如在与超级大国的交往中强调自主、通过双边努力或国际机构来加强与南方国家的联系等，在卢拉的外交政策中又被重新采用。

盖泽尔外交政策的一个突出特征，就是努力密切巴西与南方国家的关系，因为与第三世界国家的密切关系可以实现利益的多元化，从而降低对富裕国家的依赖。此外，他也加强了与西德等部分发达国家之间的关系。从客观上说，南南关系的强化将使南北对话形成新的格局，因为发展中国家的协同行动可能减少国际力量的不对称现象。（Cardozo & Miyamoto，2006：11）不过，"负责任的实用主义"并不意味着与南方议程完全一致，比如说，巴西从来不曾是不结盟运动的成员。实际上，该政策的实施与当时的环境有关，包括石油价格大幅度上涨、进口高度依赖中东（尤其是伊拉克和沙特阿拉伯）、卡特政府的人权政策、西德支持下的巴西核电开发以及保护主义的发展项目等。

卢拉政府所处的国际体系与卡多佐执政时期——主要是"9·11"事件之后——的环境差别不大。由于全社会达成了一定共识，认为需要一种具有国际竞争力的经济，在国内层面卢拉政府似乎进一步放弃了进口替代模式。

卢拉政府所推行的明显变革是基于以下原则：（1）努力寻求更大的平衡，弱化单边主义；（2）加强双边和多边关系，以便在国际层面提高巴西在政治和经济谈判中的地位；（3）深化与其他国家的关系，以便通过可能实现的更广泛的经济、金融、科技和文化交往而获取利益；（4）避免各种对长远发展可能造成隐患的协议。这些原则贯穿了卢拉政府的第一阶段（2003～2006年），并在第二阶段得到推广，它们暗含以下明确的侧重点：（1）加强与印度、中国、俄罗斯、南非等新兴国家的关系；（2）与在其他国际谈判中一样，在世贸组织多哈回合谈判中发挥重要作用；（3）与包括美国在内的发达国家保持友好的政治关系，并进一步发展经济关系；（4）建立和加强与非洲国家的关系；（5）呼吁联合国安理会进行改革，包括使巴西成为常任理事国；（6）维护社会目标，更好地促进政府和民间社会的平衡；（7）大力参与国际组织及探讨国际治理方式的多边论坛。

南南合作的意义

卢拉政府的外交部常务副部长皮涅罗·吉马良斯曾说："对大国——尤其是……美国——所采取的政治行动，巴西……必须做出回应。巴西必须与国际体系中的边缘国家结成政治、经济和科技联盟，以捍卫和保护自己的利益。"
（Guimarães，2006）

在冷战的大部分时期，巴西外交政策所维护的主题往往事关南北议程，而不是东西冲突。即使在杜特拉和卡斯特洛·布兰科执政期间在政治上更加认同美国和西方的外交政策时，国家发展和贫富国家之分等议题仍然得到体现。支持以建立更公平的国际经济秩序为宗旨的77国集团，赞同那些不愿意与苏联或美国结盟的国家的提议，与中东和非洲国家保持更为密切的联系——凡此种种，都表明了一种类似于第三世界的外交政策，这一点在"负责任的实用主义"时期（1974～1978年）尤为明显。卡多佐政府（1995～2002年）与发展中国家一直保持良好关系，并明确承认国与国之间存在着不平等和不公平现象，因此其努力避免这一立场，而强调国际体系中合作性的一面。

> 我在外交部履职的不长时间里（1992年10月至1993年5月），所实行的外交政策是在不断变化的国际形势下，通过参与而不是远离当下的世界秩序来实现自主。……而在早年倾向于技术型官员当政的时候，执掌外交部的往往是外交官，他们制定的政策旨在保护国家利益，而对第三世界主义不以为然。……军人政权的外交政策延续了这种治国理政的原则，但在1989年柏林墙倒塌及1980～1990年因全球化而来的经济进程加快之后，它不得不对自己的核心目标进行审视。（Cardoso，2006：604－606）

起初，人们可能以为，卢拉在外交政策上的思路是试图重返第三世界。这种观点在巴西的反对党——尤其是社会民主党

（PSDB）和自由阵线党（PFL，2007 年更名为民主党）——中很有市场，并在主流媒体、商界和知识界引起共鸣。不过，尽管将南南合作重新纳入议程的意愿的确存在，但在新环境下需要对其进行新的阐释，因为新环境带来了两个根本性变化，即巴西认同民主原则的普世性，以及全球化进程的加快，这使巴西无法维持其与其他国家相互依存性较低的外交政策。（Lima，2005：33；Lima & Hirst，2006：25）正因如此，外交部所采取的这些立场并不一定是为了弱化与富裕国家的关系。

即使卢拉政府能够避开往届政府所造成并深化的制约，也不可能仅仅是重返老路。劳工党（PT）的方案最初是建议远离发达的资本主义国家。但与卡多佐执政时期相比，某些现实几乎没有变化，而政府内部对于疏离型自主的怀旧情绪必须符合这些现实。

卢拉政府采取了一项"创新"之举，任命 1996～2002 年间担任其国际关系秘书的劳工党知识分子马尔科·奥雷利奥·加西亚为总统的外交事务特别顾问。有史以来，非外交官担任此职的只有另外一例，并且要追溯到库比契克总统执政时期（1956～1961 年），当时担任这一职务的是诗人奥古斯托·弗雷德里科·斯密特。顾问和外交部部长之间偶尔有不和的传闻，使人们不禁怀疑，两人对于谁是巴西外交政策的决策者存在争议。这些疑虑通过职责上的某种划界而在一定程度上得到消除：加西亚只负责巴西外交政策中的"意识形态"问题，尤其是需要与乌戈·查韦斯等南美左翼领导人进行对话的时候；而阿莫林则负责巴西国际议程中更为"技术性"的方面，比如世贸组织和美洲自贸区谈判等。（Garcia，2004）

卢拉政府立场坚定地保卫国家主权和利益，致力于在南方寻求优惠联盟。必须说明的是，卡多佐执政期间，在卫生部长若泽·塞拉的领导下，由于对艾滋病药品专利权的质疑而开启了南南合作，当时，巴西与南非、印度及各种非政府组织（如乐施会和无国界医生组织）联手，要求降低此类药品的国际价格。不过，直到卢拉政府时期的 2003 年 6 月 6 日，随着《巴西利亚宣言》——一项涵盖从贸易到国际安全等问题的协议，由此宣布巴西与印度和南非一起成立了三国对话论坛（也称 3 国集团）——的签署，这种联盟才得以体制化。在知识产权方面，卢拉首次授权巴西打破默克公司的艾滋病药品专利，转而从印度进口一种仿制的同类药品。（Amaral，2007）

在世贸组织的问题上，两届政府都认为参与多边贸易谈判很重要。卡多佐政府致力于与南方国家的对话，而不是体制化的合作。卢拉则与其他国家结成了联盟，如被广为谈论的 20 国集团和三国对话论坛。这些联盟的最终结果尚不确定，但在多哈、坎昆和香港会议上，它们已经得到认可。

三国对话论坛成立后，部分在往届政府担任过相关职务的外交官批评该联盟范围狭小，战略模糊。三国对话论坛涉及的议题不仅包括对外贸易和国际安全，还包括科技合作以及旅游上的优惠政策等。（Almeida，2004：167；Souto Maior，2004：56）

卢拉政府希望提高自己在南南联盟中的谈判地位，这一点在 2003 年 9 月的坎昆部长级会议之前就显而易见——正是由于坎昆会议，而成立了 20 国集团，这些国家都有意结束对农产品出口的国内补贴，并更大程度地进入北美和欧洲市场。（Amorim，2004）与其他南方联盟一样，卢拉政府认为该联盟所关注的不只是扩大各国自己的经济利益，它还应该有一种共有的认同。时任大使、现任外交部常务副部长的皮涅罗·吉马良斯明确表达了这一观点：

> 尽管巴西与其他边缘大国存在着差异，但由于它们有共同的特征和利益，并且彼此距离遥远，不存在直接的竞争性利益，因此可以制定一些共同的政治规划。（Guimarães，1994：141）

卢拉政府时期的巴西认为存在着上述共同利益，作为这一点的证明，20国集团已经得以实现自己的目标，形成了一股谈判力量，尽管其持续性将受到始终不对称的利益和权力关系的影响。在2008年7月于日内瓦召开的世贸组织部长级会议上，20国之间的讨论就证实了其具有长期的持续性这一结论。阿莫林说：

> 在前几轮谈判中，美国和欧盟私下确定了协议的边界，然后作为"可能达成的共识"交给其他国家。……与那几轮谈判相比，所谓"坎昆的失败"是朝着差不多一年后（2004年）的日内瓦会议的成功迈出了第一步。我们的首要目标是顺利结束世贸组织谈判。这样，我们就能取消数亿美元的出口补贴，并大幅降低发达国家对农产品的国内补贴。（Amorim，2005：4-5）

地区角色、美国与合作伙伴多元化

卡多佐政府的特征是推行多边主义，重视国际法。它认识到国际体系中存在着权力强烈不对称的现实，因此优先考虑与中心国家的直接谈判，而无须寻求系统的南方联盟。（Lafer，2001c）世贸组织谈判小组在糖和棉花方面与美国和欧盟的抗争，表明了运用法律机制的意义。尽管承认南共市及与阿根廷关系的战略重要性，卡多佐政府仍然力图在南美洲成立一个区域集团，特别是在2000年南美洲国家和政府首脑会议召开之后。当时流行着一种观点，认为激进主义并不能解决谈判能力不足的问题。在价值观方面，受参与型自主观念的影响，卡多佐支持人权原则和可持续发展，努力维护和平与民主，倡导普遍性原则。（Cardoso，2006：602）

卢拉在外交政策上继续推行多边主义，但比前一届政府更加大力地保卫国家主权。这一特征与多元化自主的理念相吻合，其重要性日益凸显，有时还被理解为地区领导者的心态。尽管卢拉及其高层官员的观点只是停留在话语层面，但对巴西与其他国家的关系仍然产生了影响。政府和社会团体采取行动时，不仅要考虑国家的权力资源，还要考虑运用这些资源的潜在能力。所以，政治观点和行为体的认识会影响国家的行为，学者们对此已经从不同的理论角度进行了探讨。（Keohane & Goldstein，1993；Wendt，1999；Rosati，1995）

在卡多佐政府的政策制定者看来，巴西可能成为领导者的角色是其经济快速发展的结果。这种领导地位将局限于地区之内，因为巴西缺乏资源（经济、军事、政治及专业人才），无法在更大范围发挥作用。与之相反，卢拉政府却认为，鉴于巴西在本地区的重要性，通过采取更积极有力的外交行动，可以产生具体而重要的影响。（Amorim，2003：77）与此同时，政府还特别关注有实际措施所支持的行动。因此，对于主要基于意识形态话语的国际行动，卢拉政府并不赞同。

扮演领导角色并不容易，因为人们会对你提出难以满足的期望和要求。由此看来，身为领导可能招致怨恨。即使没有发生这种情形，也总是要付出代价。（Burges，2005；Mattli，1999）2006年，埃沃·莫拉莱斯总统宣布玻利维亚石油国有化，最终影响到巴西国家石油公司（Petrobras）特许权的延续，就说明了身为领导的难处。巴西与哥伦比亚之间在处理毒品交易问题上的难题，表明巴西无法帮助哥伦比亚打击毒贩，也说明了同样道理。要扮演领导角色，就要求国家在调动资源方面具有更大的能力。巴西希望使外交政策和区域一体化成为自己国家工程的重大支柱，这是一个有待探讨的问题。

卢拉的外交政策致力于提高巴西在地区内和国际上的地位，自2004年以来，该政策在海地发挥了突出作用。其间，巴西接受联合国特别小组的命令，派遣一支约1200名士兵组成的队伍，到海地执行维和任务。即使在这种情况下，我们也无法看出有任何行动表明巴西传统的外交政策发生了目标上的变化，而只是与疏离型自主时期可能有所不同。从某种意义上说，向海地派兵符合巴西的传统，因为早在1956年，库比契克总统在位时，就曾经向西奈半岛派兵执行维和任务，后来还相继向安哥拉和包括南斯拉夫、东帝汶在内的其他国家派遣过几支部队。卢拉政府2003年批准向海地派兵，符合巴西在致力于倡导国际（西奈半岛）和国内（安哥拉）和平的政策上进行合作的外交传统。与此同时，此举还源于巴西希望加入联合国安理会常任理事国的强烈愿望。正因如此，作为其整体国际战略的一部分，政府才接受了这次任务，表明了分担维和成本的意愿。

向海地派兵的实例充分说明了多元化自主的含义。多元化不仅意味着努力发展与更多的非传统合作伙伴的关系。它还意味着，在那些虽然并不关乎自己切身利益却被国际公认为公共利益的地区，巴西也有能力进行干预。在本地区其他国家——如智利和阿根廷——的支持下，巴西主动承担起这种责任，因为其行动的目标能提高巴西的国际地位。

卡多佐政府则采取了一种更为温和的立场，对外行动往往是协同合作，并通过国际机构来发起，从而避免承担可能给自己带来责任和风险的角色。卡多佐解释道："除了明确——而且是毫不自负地明确——巴西在本地区的地位之外，我坚信，领导权不是靠嘴巴上说，而是靠行动去做。"（Cardoso，2006：621）相比于成为联合国安理会常任理事国，卡多佐更重视巴西议程中的其他议题，比如"加入'7国集团'会是更好的选择"。（Cardoso，2006：610）

卢拉执政期间，国内关于外交政策的激烈争论一直不绝于耳。自20世纪80年代初期以来，巴西经济有了温和增长，在这种背景下，国际贸易快速发展，2002年达到1076亿美元，2006年则达到2289亿美元。（Secex，2007）国际经济问题在国内的争论中得到凸显，部分原因就在于此。这一现象引起了公共舆论、精英阶层、企业家、行业协会、各党派以及国会的兴趣。另外，创新遇到阻力，削弱了国内在外交政策上似已形成的一定共识——用部分评论家的话说，外交政策应该具有国家属性，而不是政府属性。在反对党（尤其是社会民主党和民主党）看来，之所以出现高度政治化，是因为没有努力搞好与美国和欧盟等传统的经济和政治伙伴的关系。实际上，卢拉政府力求与包括非洲国家，尤其是葡语国家在内的其他国家建立更为广泛的关系，而且此举不仅是基于经济方面的因素，还有偿还所谓人权、社会和文化债务的考虑。

卡多佐执政期间，政府始终认为必须与美国保持合作关系：尽管两国的政治关系良好，但在某些领域存在分歧，特别是在贸易领域，有关知识产权和农产品问题的分歧及其他方面的争端引起了强烈关注。美国的棉花补贴受到巴西的质疑，此事最终成为运用世贸组织专家小组和冲突解决机制的促发因素和经验。这种环境使得有关美洲自由贸易协定的谈判难以取得任何进展，尽管到卡多佐执政末期终于达成一致，认为这种协定会很有趣。而卢拉的贸易政策也受到反对党的批评，他们认为该政策不实用，强调它与时代脱节，且意识形态特性过重，给贸易带来了负面影响。为了谋求发展，就绕不开美洲自由贸易协定，这是私有企业的重要部门所希望的路径。（Giannetti & Marconini, 2006；Jank, 2006）不过，一项针对政府部门、国会、司法机构以及社会运动团体、非政府组织和特殊利益团体的相关人员的调查表明，大部分受访者（61%）都认为，巴西政府应该要求美国降低非关税壁垒和补贴，然后才谈达成协定之事，而16%的人则认为协定对巴西益处不大，只有8%的受访者表示支持。（Souza, 2002：60）

2002年巴西总统大选期间，美国新保守派人士担心巴西会过分与美国的利益作对。在经济领域，有传闻说巴西的风险系数上升至2000点。这对大选本身带来重大影响，并自2003年起制约了政府的部分经济措施。美国商界认为，巴西不会如期偿还外债，而且会推行一项"平民主义的"、由国家驱动的计划。

不过，在卢拉赢得2002年10月大选的第二天，乔治·

W. 布什就致电巴西未来的总统，邀请他在就职前访问美国。这次访问产生了积极成果，有效减少了不利于两国的冲突。2005 年 11 月，布什总统访问巴西，巩固了双方的对话关系。有人甚至认为两位总统之间似乎存在一些共鸣。与 1989、1994 和 1998 年总统大选时一样，2002 年的卢拉在美国主流社会的形象颇为负面，但在他的第一任期过程中，这种负面形象渐渐淡化，乃至到 2006 年总统大选时彻底消失。最后，卢拉参加 2006 年竞选时，没有引起美国的强烈反对，尽管这并不意味着美国的精英阶层对他表示支持。不过，美国劳工联合会－产业工会联合会（AFL-CIO）及左派团体都支持卢拉。

2007 年 3 月，在其第二个总统任期之初，卢拉与乔治·W. 布什再度会晤，先是在巴西，然后在戴维营。会晤中的两个主题引起了媒体关注：一是在乙醇问题上可能达成协议，二是美国欲对委内瑞拉总统查韦斯采取封锁行动。卢拉政府始终赞成用民主和制度的方法解决各种冲突，不管是政治冲突，还是经济或社会冲突。它认为这种原则对包括南美国家在内的所有国家都同样有效。在委内瑞拉问题上，巴西政府不希望与查韦斯形成对抗。它赞成坚持民主原则，并且一直有意加强两国的经济联系。

就乙醇问题而言，美国显然需要减少"对石油的上瘾"，而巴西则希望更多地进入美国市场，不过，由于这种合作刚刚起步，结果如何尚待观察。阿莫林指出，卢拉与布什之间的接近"并非巴西外交政策的'改弦易辙'。……正是因为推行自主和维护主权的外交政策……巴西赢得了发达国家和发展中国家的尊重"。（Amorim，2007）自巴拉克·奥巴马于 2009 年 1 月上任以来，两国在政治上无疑有更多的共同点，比如在国际安全和环境问题方面，但贸易上的分歧仍时有发生。

卡多佐政府与美国的关系，与其在当时的国际主题中的立场一样，可以被纳入参与型自主的范畴，视为积极影响议程的一种努力。某些社会领域——特别是商业和政治领域——及高层官员成为支持此举的政治基础。他们认为与中心国家的关系更加有利，有可能寻找到更多机会，找到在其他国家所没有的市场。对卢拉政府而言，其目标在于"与大国保持良好的政治、经济和商贸关系，同时将与南方国家的关系置于首位"（Lula da Silva，2007）。从客观上说，各国在贸易方面的重要性的变化、中国的快速发展以及美国自 2008 年 9 月以来的危机都表明，这种认识与时俱进，顺应了国际经济领域似乎正在发生的结构性变化。

相对自主的态度——有时与美国存在异议——及不声不响地成为地区领导者，都是符合多元化自主理念的标志。美国的单边主义所造成的国际环境的变化在"9·11"袭击之后得到巩固，并使得 2003 年在巴西上台的劳工党领袖所倡导的外交政策得到加强。（Alden & Vieira，2005）

卢拉的政策存在着风险，并在一定程度上表明了世界权力和世界经济的新格局。巴西的外贸数据虽然无法解释这种格局的复杂性，但是却十分重要，通过这些数据，我们可以看出 2002 到 2005 年，从传统市场（美国、欧盟、日本、加拿大、墨西哥和南共市）的进口份额由 79.3% 降至 67.2%。而非传统市场（中国、亚太地区、非洲、东欧、中东等）在同期的份额则从 19.7% 增至 31%。（Prates，2005/2006：138）由于不再关注传统的国际合作伙伴，这反映出一种新的世界观，并表明了风险，但与 21 世纪国际形势的新趋势并不冲突。其趋势之一就是亚洲变得越来越重要。另一个趋势就是推迟有关建立自由贸易区（与欧盟和美洲自贸区）的谈判，因为卢拉政府似乎认为，在不必为达成不对称的自由贸易协定而做出太大让步的情况下，可以与核心国家保持密切关系。这一战略可能存在着障碍，比如在巩固南共市以及与阿根廷的关系上就存在着难题。同样，一些重大而持久的发展项目需要力量强大的国家来实施，而巴西和南共市缺少这种项目，从而可能阻碍巴西（及本地区）从世界政治和经济新格局正在发生的变化中充分受益。

小结：卡多佐和卢拉的外交政策

与卡多佐相比，卢拉的外交政策具有拉费尔所说的既变革又延续的特征（Lafer，2001b：108）。卢拉政府没有偏离巴西外交所立足的历史原则，也就是使外交成为促进经济发展以及维护和增强国家主权的工具。政府在意识形态和战略上有了变化，以应对经济落后所带来的问题，但这些问题与卡多佐总统所面临的并无本质上的差别（见表 5 – 1）。

表 5 – 1　卡多佐与卢拉在外交政策上的异同

巴西外交政策议程	卡多佐政府	卢拉政府
1. 美洲自由贸易区	政府并不认为这是巴西的当务之急，但仍然表现出积极的姿态。采取的策略是推迟谈判，只是在有利于巴西时才签署协议。	以更强硬的态度开始谈判，主张只有当巴西的需要得到满足后才继续谈判。
2. 世界反饥饿斗争	不在卡多佐政府的巴西议程之列。	尤其在卢拉任期之初的国际讲话中，该问题得到重视，但后来未能继续。尝试将其正式引入国际议程，但成效值得怀疑。

巴西外交政策议程	卡多佐政府	卢拉政府
3. 联合国安理会	希望成为联合国安理会常任理事国,但巴西外交没有为实现这一目标投入足够的努力。卡多佐曾经宣称,他更倾向于深化区域一体化和成为7国集团的成员。	塞尔索·阿莫林部长坚定地表达了巴西希望成为联合国安理会常任理事国的愿望。为实现这一目标,付出了诸多努力。巴西向海地派兵就是试图向国际社会证明,它已经做好成为安理会常任理事国的准备。
4. 南南合作	卡多佐政府尤其重视与发达国家或地区——主要是欧盟和美国——的关系。与南方大国的接近旨在寻求物质利益,主要是贸易领域的利益。在卡多佐第二任期的末期,政府的关注点在于改善与中国、印度、俄罗斯和南非的关系。在与美国的药品专利权争端中,巴西和印度和南非的关系更加密切,但是没有将这种合作体制化。	卢拉政府十分重视与南方国家的接近,并关注与发展中国家建立更为持久的关系。这是受到劳工党的世界观和思想根源的影响,在一定程度上也与部分外交官已经存在的趋势相一致。巴西与印度、南非建立了合作机制,涵盖安全、贸易、科技交流等多个领域,但结果尚不明确。卢拉执政期间,20国集团的影响力日益凸显,这是一个致力于农产品贸易自由化和在发达国家打开工业品市场的发展中国家联盟。该联盟的目的在于减少经济和权力的不平衡。
5. 美国	对于美国在其中发挥关键作用的国际制度,卡多佐政府秉持积极参与的理念。卡多佐总统与克林顿总统建立了私人关系。到卡多佐执政末期,美国已经是乔治·W.布什当政,尤其是在"9·11"事件之后,卡多佐总统开始批评美国的单边主义。在这种新形势下,巴西开始寻求与发展中大国建立新的贸易关系,以抗衡美国的贸易霸权。	卢拉政府承认美国是世界上最富裕、最强大的国家,因此在外交政策上选择深化与发展中大国及欧盟的关系,以减少对美关系上的权力不对称。与此同时,它还力图通过加强南共市以及南共市－欧盟的谈判等多元化战略选择来增强自己的议价能力。就与欧盟的关系而言,结果并不理想。在这种形势下,卢拉政府一直避免与美国发生冲突。

巴西外交政策议程	卡多佐政府	卢拉政府
6. 拉美一体化	自1985年巴西重新建立民主政权以来,南美区域一体化就一直出现在巴西的议程中。卡多佐执政期间,南共市和区域一体化被视为一种工具,巴西可以运用它们在世界上争取更大的经济和政治空间。尽管与梅内姆政府有过分歧,但一体化的思想仍然得到巩固。	卢拉政府始终关注南共市,并高度重视南美洲国家联盟这一规划。与阿根廷基什内尔政府保持良好的政治关系。贸易问题总是引发冲突和谈判。在言论上重视巴西的地区角色,南美洲基础设施一体化倡议(IIRSA)的形成就尤其表明了这一点。一体化在巴西的议程中名列榜首。在处理与其他国家的关系时,卢拉政府注重保持平衡,以充分利用因一体化而来的明显趋同,并避免加剧具有潜在冲突的情形。
7. 巴西的领导权	卡多佐政府认为领导权不是靠嘴巴上说,而是靠行动去做。在这种意义上,巴西的领导权问题没有引起太多关注。	卢拉政府将此问题提出来进行政治讨论,尽管并没有大张旗鼓。它表达了在发展中国家获得显著地位的愿望。另外,玻利维亚和巴拉圭等部分南美国家对巴西提出了更多的要求。

通过分析两届政府的立场,可以清楚地表明,卢拉努力从南方国家寻求战略伙伴,以提高自己在国际谈判中的议价能力。另外,这也是世界上各种关系不断变化的结果。如果将此举再向前推进,就会面临结构上的限制。在国际舞台上,似乎很难实现不同的国家步调一致、在某种程度上协同行动的目标,比如南共市和南美洲国家联盟(UNASUR)在协作上存在的困难就说明了这一点。经济成本高,外交官人数少,能力——包括商贸和学术方面的能力——比较低,以致难以适时

制定政策和应对复杂的谈判等，都可能对政府的举措带来影响。要与包括达沃斯世界经济论坛、在格伦伊格尔斯召开的8国集团会议、阿雷格里港世界社会论坛的参加者在内的各色人等打交道，政治上的能力就十分必要。在卢拉的多次谈话中，虽然屡屡提及需要一种更公平的国际秩序，但这种需要能否成为现实，却远远不够明确。更重要的是，巴西在这个"未来新世界"中的角色也并非不言而喻。

多元化自主战略如果得到长期而成功的运用，结果可能会很好地体现出来：不仅会巩固巴西的历史发展目标，还会减少世界权力的不均衡分布。

利马（Lima，1990；2005）认为，依赖和自主的思想是中等强国国际关系的固有特性。这些国家居于权力的中等层级，其行为模式各不相同，有时与弱小国家类似，有时又反映出更强国家的水平。巴西行为的多变性并不说明它的行为缺乏理性或者没有追求自身的利益，而是表明"对权力的衡量要因具体事宜而定"，因此，并不存在一个所谓不涉及专门领域的放之四海而皆准的权力结构。（Lima，1990：11）基于这种观点及对卢拉外交政策的分析，我们还可以说，寻求与富裕国家更为平等的关系，并不会招致与其关系的破裂。

因此，我们强调指出，虽然并非所有关注外交政策的社会领域都将多元化自主战略视为重中之重，但在关键的决策者——尤其是卢拉、阿莫林、皮涅罗·吉马良斯和加西亚——看来，这种战略至关重要。巴西的知识分子、民众社会运动和部分商业人士都反对单边主义，因此对上述战略给予了广泛的支持。

第六章
区域一体化带给巴西的两难之境：
　自主与伙伴关系多元化

引　言

　　要了解巴西在区域一体化进程中的地位，就必须考虑巴西外交政策的结构和历史因素。该进程所面临的制约不仅包括南共市主要国家的经济问题和观点分歧。在区域一体化的结构要求与主要社会行为体（精英阶层和利益团体）及政府要员（如共和国总统和各部——而不仅仅是外交部——负责人）的态度和立场之间，似乎也存在着矛盾。

　　在制定外交政策时，常常用到两个非常重要的概念，即伙伴关系多元化和自主，两者都深深地植根于公民社会和国家之中。我们认为，这两个概念在构建区域参与观念的过程中相互作用，阻碍了南共市的深化。

　　南共市成立二十年来，经历了各种各样的困难，其中有客观原因。比如原因之一就是，要将权力极不对称、相互依存性低和宏观经济一贯不稳定的发展中国家聚合在一起，本身就是一种挑战。阿方辛、萨尔内、科洛尔·德梅洛、梅内姆、伊塔玛尔·佛朗哥和卡多佐等政府都曾指出，区域一体化进程的体制化水平低，并具有政府间性质（由成员国的执行小组所推动和控制），因而可以保障进展快速，避免严重的官僚作风。巴西所倡导的观点是，南共市必须以各国政府之间的关系为基础。这种立场与阿根廷比较接近，它源于对南共市在巴西的整体国际关系中应该发挥的作用的构想。

在部分外交决策者看来，伙伴关系多元化的概念与一国具体的地理、民族和文化特点相关。拉费尔（Lafer，2004）认为，这种观点反映了国家和社会的多重利益以及历史和政治的密切联系，表明国家有意尽力使其国际关系多样化，开拓与世界其他国家的多元、广泛、宽阔的对话渠道。

本章的假设是：从1991年至2009年，南共市的结构符合巴西部分精英阶层的利益。该模式足以支持巴西在世贸组织的国际行动及其与欧盟和美国的关系，使巴西摆脱关税联盟或共同市场的制约。从这个角度来看，一种更健全的体制化环境会限制所有国家或各方的行动，尤其是对巴西而言，尽管权力的不对称对巴西有利。因此，这种一体化模式与贸易联盟的扩大相一致，使其可以接纳委内瑞拉等新成员。由于不存在体制框架，南共市反而有了优势，可以自动加强其政府间属性，各成员国的国家政策也基本上彼此互不制约。

20世纪80年代中期，巴西在政策上开始加强与阿根廷的关系，但合作伙伴多元化的思想并未被放弃，而是具有了新的内涵。政府试图将国家利益与南锥地区的利益结合起来。巴西当时流行着一种观念，即区域一体化进程将更有助于国家的利益，阿根廷也是如此。起初，这一进程不仅融合了各成员国的利益，还融合了商业精英的利益。后来，工会和知识分子等其他团体也参与到区域一体化的讨论中来。

尽管国家利益和地区利益因南共市而连在一起，自主的概念却发挥着十分重要的作用。（Guimarães，2006）因此，我们可能注意到，"自主一词在不同的时间和空间有不同的定义；它们随权力的利益和立场而变化"（Fonseca，Jr.，1998：361）。从20世纪30年代到80年代后半期，自主的理念是指巴西在不受大国制约的情况下，独自做出自己的选择。这一想法尽管不现实，却仍然被许多民族主义团体确定为追求的目标，对此我们在第一章有过探讨。赞同这种自主观的还有军方人士、知识分子、商业团体、政府官员、工会主义者，以及军事俱乐部（在20世纪50年代的部分时间）、巴西高等研究院（ISEB）、独立外交政策（PEI）和"负责任的实用主义"的制定者等。在20世纪90年代和21世纪的第一个十年里，这些观念与时俱进，受到以卢拉·达席尔瓦总统为首的劳工党和巴西其他政治力量的欢迎。南共市过去不曾、现在也没有被视为制约巴西自主的一种因素。相反，人们认为，找到与该地区其他国家的共同点，将有助于提高巴西在国际上的行动能力。因此，我们的目的是要探讨自主和伙伴关系多元化这两个概念是如何发展而来的。对于自主一词的含义，我们认为有一个确定——或者说重新确定——的过程。这一过程所粗略呈现的外交政策弱化了南共市的意义，尤其是降低了与阿根廷关系的重要性。这有助于解释这一区域性贸易联盟所处的危机及其在自我肯定时面临的难题。

在对南共市进行分析时，我们尤其关注巴西的角色，其次是阿根廷的作用。这两个国家对一体化进程至关重要，因为它们的经济意义远远超过了另外两个成员国乌拉圭和巴拉圭。因此，之所以突出巴西，不仅在于它是本书的主要研究目的，还在于它是南美地区的主要经济大国。

首先，我们将对南共市成立二十年来体制发展不健全的经济和认知原因进行分析。其次，由于巴西的精英阶层主张南共市的一体化程度不宜太高，我们将对他们的立场进行探讨。

南共市的含义：体制化程度低的原因

我们在第二章讨论过，在 20 世纪 80 年代，巴西的经济发展模式——包括与其他国家的关系——得到重新审视。引发这种审视的因素有很多，包括进口替代工业化模式的衰落、外债危机（参见图 2 - 2 和表 2 - 1）、高通胀率（表 3 - 1）、经济停滞（特别是 90 年代初期，参见图 2 - 1）以及外国投资减少（参见图 6 - 1）——直到 1995 年卡多佐执政期间才开始恢复。

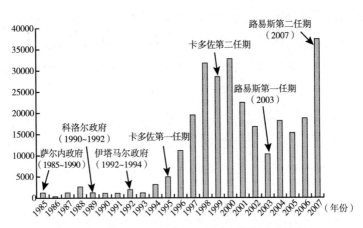

图 6 - 1　1985 ~ 2007 年巴西对外直接投资的变化

数据来源：世界银行和联合国贸易和发展会议。

随着新自由主义价值观在全球范围渐占上风，在萨尔内执政的最后两年，由巴西银行外贸局（Cacex）所主导，对国际经济关系进行了各种研究。这一时期正值关贸总协定乌拉圭回合谈判，更确切地说，起始于 1988 年 12 月的蒙特利尔部长级会议。（Bresser Pereira，1992；Campos Mello，2000）这些研究对国家发展主义大都持批判态度，促进了一种更加开放的经济观的形成。这种观念后来为科洛尔·德梅洛政府加快对外贸易自由化的进程提供了指导。

起初，巴西与阿根廷的一体化进程[1]是基于发展主义理念，旨在提升企业的竞争力，以促进巴西的现代化并增强其竞争性地参与国际经济体系的能力。（Peña，1991）在这一阶段，巴西的部分精英阶层——包括企业团体和高层官员——越来越认识到，寻求共同点能提高巴西的国际参与力。虽然 1998 年 11 月《一体化、合作与发展协定》的签署为南共市奠定了基础，也稳定和加强了阿根廷－巴西联盟，但人们普遍认为南共市还是一个政府间组织。

在诸如财政部、巴西银行、中央银行，后来还有外交部等政府机构内部，都对外交政策和国际经济关系进行了审视，在此过程中，巴西与阿根廷的接近被认为对巴西的外交政策至关重要。这一看法得到部分外交人员的拥护，并与普遍主义范式战略联系起来。（Flecha de Lima，1989：30–31）两国的接近强化了改善双方在世界上的政治和经济形象的理念，在制定国际规则和制度时，也使双方对确定议程具有更大的权力。在部分人看来，区域一体化进程的推进会增强巴阿联盟应对强国（尤其是美国）的能力。（Amorim & Pimentel，1996）这些观点使赞成一体化的联盟得以在政府部门内部达成一致，并得到社会各阶层的支持。构成该联盟的不仅有拥护民族主义传统的部门，还有那些希望提高巴西在自由主义国际秩序中的参与度的部门。

一方面是区域一体化、南共市和与阿根廷结盟，另一方面是维护伙伴关系多元化和自主的价值观，两者就这样联系起来。区域主义不仅不会削弱，反而会加强巴西参与国际社会的普遍主义范式。通过国际化来实现现代化的理念曾经直接影响了20世纪90年代的国际参与范式，但它与区域主义并不冲突。开放性区域主义概念的运用是为了实现全面的国际参与，并利用自由贸易区及1995年以后的关税同盟所带来的益处。不过，实现可持续一体化所需要的手段却没有出现，也就是说，没有旨在促进社会和经济发展的公共行动，没有为减少一国之内或国与国之间严重不平等的具体措施。自主的思想一直深深地植根于企业和政府之中，但现在又有了参与型自主概念的支持。（Fonseca Jr.，1998）不过，最初的商业势头——尤其是在出口型汽车行业——却未能持久。

所以，在90年代，自主的概念并没有因为南共市而消除。相反，它有了不同的表现，就像与富裕国家的关系一样——巴西认为与这些国家的关系在经济和政治上至关重要，因而努力加强与它们的关系，但在根本的国家利益方面并不让步。（Cardoso，2001）与此相矛盾的是，在与南共市的关系上，巴西却不断地强调自己可以随意采取行动，而无须受到与体制性一体化相关的各种制约，以此来表达自主的思想。

拉费尔（Lafer，1993b）曾经谈到，巴西需要更积极地参与国际事务。从1985年到90年代末，与阿根廷的关系在巴西国际议程中的地位日益凸显。与此同时，在卡多佐执政时期，尤其是 1999 年以后，巴西越来越重视伙伴关系多元化，开始关注中国、印度和南非等其他国家，而不再只是专注于富裕国家、阿根廷和南共市。

从巴西的角度来看，南共市显然是一个模棱两可的选择，这一点与阿根廷没有本质区别。在政府的言论[2]中，南共市名列其国际议程的首位，被描述为一种非常重要的手段，但它本身并不是目的。在南共市成立之初，对此就有明确的阐述：

> 在签署《亚松森条约》时，四位总统一致认为，在这个被划分成几大稳定的经济集团、科技产业进步对国家经济越来越重要的世界上，深化一体化进程可以成为各成员国更具竞争力地参与国际事务的关键。（MRE，1991：279）

事实上，手段之说变得越来越有市场，越来越受欢迎。外交部部长路易斯·费利佩·兰普雷亚（1995～2001 年）就指出：

> 从根本上说，南共市是一个国际性的开放进程。对巴西而言，发展南共市是其经济开放、贸易自由化以及更好地参与世界经济的全面努力中的一部分。一体化进程本身没有被视为一种目的，而是被视为一种使巴西更多地参与全球市场的手段。（Lampreia，1995：135）

南共市成立以来，发展并不均衡，可以分为三个不同的阶段。第一阶段始于卡多佐第一任期之前，从 1991 年持续到 1994

年（从《亚松森条约》到《黑金城协议》），重点在于巩固该组织的体制设计。第二阶段涵盖 1995 到 1998 年，见证了南共市内部贸易的不断扩大，直至其巅峰时期。最后，从 1999 年起，由于巴西货币（雷亚尔）贬值以及随之而来的 2001 和 2002 年阿根廷经济衰退，南共市进入危机阶段。在为南共市所面临的问题寻求合理解释时，不仅要考虑频繁的贸易和政治争端等临时因素，还要考虑其他原因，比如与所涉国家的经济有关的结构性问题，以及国家和社会根深蒂固的价值观念，包括民主、对于国家在世界上的地位的自我认识、文化渊源等。

各国的危机没有被视为一体化进程中做出调整或寻求新机遇的时刻。相反，这些危机削弱了一体化进程，减少了实现互补的努力。国内经济面临的困境提高了企业团体和部分精英阶层对南共市的反对之声。不过，这一贸易联盟之所以难于打下体制基础，并不能单纯用物质因素来解释。巴西和阿根廷轮番出现贸易赤字，使人们认识到区域一体化可能会给本国的经济带来损害。每逢一国出现贸易赤字，保护主义呼声就会高涨。就巴西而言，由于阿根廷 2001 年拖欠外债，而重新引发了一种潜藏已久、根深蒂固的观点，即南共市不能充分发挥巴西的政治和经济潜力。此外，阿根廷认为，巴西在 1999 年 1 月雷亚尔贬值后的贸易顺差是造成 2001 年底阿根廷危机的主要原因之一。当时，从 1991 到 2001 年一直与美元挂钩的比索贬值，使阿根廷国内生产总值下降了 10.9%（Kume & Piani, 2005），从而使巴西更加坚信，宏观经济不稳定难以为一体化提供坚实基础。

南共市的经历表明，一体化带来的经济利益固然必要，但不足以确保其体制的加强。有关某一国从一体化进程中获益更多的观点不利于为巩固南共市所做的努力。如果阿根廷和巴西是这样，则巴拉圭和乌拉圭也可能如此。所以，在南美洲关系中流传了几个世纪的现实主义国际关系观并没有完全消失。

自主和多元化：巴西精英阶层对南共市的立场

一体化模式建立的这些年来，体制化程度一直较低，巴西外交在这种模式中发挥着重要作用。巴西的不同政府机构和部门、企业、国会、州长等对此立场相同。正如瓦兹（Vaz，2002：223）所言，巴西的这种立场在本质上与阿根廷没有区别：

> 鉴于在该组织的主导地位，巴西无意为了一个超国界机构而放弃自己的主权，因为该机构会削弱巴西在其范围内决策和保护国家利益的能力，而这种能力对巴西来说远比贸易更为重要。对阿根廷的经济和贸易政策而言，放弃主权无疑意味着彻底失去贯彻其贸易政策的自由，而阿根廷政府当时恰恰力图保护这种自由。

马里亚诺（Mariano，2007：194）认为，巴西表现出的行为模式是"基于追求（作为根本原则的）自主和（作为核心目标的）发展"。维杰瓦尼等（Vigevani et al，2004）以及万德莱和维杰瓦尼（Wanderley & Vigevani，2005）的研究得以表明，巴西的州、市政府未能很好地适应和接受国际及一体化议题。各地区的政治和管理精英认为这些议题与他们的行动范围毫不相干，所以对其视而不见。这对国家政策和国会代表产生了重大影响。与区域一体化明显相关的问题并没有和财政改革等国家议题联系起来。这使得部分极力维持一定程度自主的巴西人更坚定了信念。皮涅罗（Pinheiro，2000：326－327）认为，巴西参与国际议题的态度因其所掌握的权力资源的变化而变化。巴西对其地缘环境的立场被认为是遵循一种理念，即从相对不对称的关系中获取利益。

正如共同市场小组（GMC）[3]的会议记录所示，在一体化进程的最初几年里，有迹象表明巴西对加强南共市的体制化表现出了一定的兴趣。1992年，共同市场小组批准了由财政部部长和央行行长们提出的一项旨在"应对经济形势和对国内经济政策的趋同进行分析"的议程。（GMC，1992：18）然而，1996和1997年之后，某些具体的贸易问题与国际参与议题一起，引发了反对之声，有观点认为南共市是一种制约因素，限制了巴西实现合作伙伴多元化的能力，这种观点在圣保罗州工业联合会、国家工业联盟、农业企业组织、高层官员及媒体中尤为突出。之所以产生这种变化，存在着客观原因，包括有关建立美洲自由贸易区的谈判和开启世贸组织新一轮谈判的谈判取得了进展，以及已经开始探讨金砖国家（巴西、俄罗斯、印度和中国）的作用。尽管这些谈判或原则并不一定旨在削弱南共市，但最终的结果却是如此，因为一体化的观念从来没有被巴西的整个精英阶层或普通民众所接受。

要理解巴西对区域一体化进程和南共市的立场变化，就必须考虑对各成员国产生影响的重大国际变化。一方面，2008年金融危机清楚地显示，美国的经济实力在下降。另一方面，包括南美国家在内的其他国家和地区的影响力得到加强。整个亚洲特别是中国的快速发展带来了巨大的影响，其力度在90年代初期还无法预见。自1985年阿根廷和巴西加强双边关系或1991年南共市建立以来，国际经济和政治格局发生了深刻的变化。华尔兹（Waltz，2000：30，32）指出，"我们在理论上可以说，新一轮的力量平衡将会形成，却无法估计需要多久……另外，从单极化走向多极化是一种必然，这种变化正发生在亚洲而不是欧洲。"

21世纪的第一个十年里，由于世界力量的重组（Velasco e Cruz，2007）——正如印度、俄罗斯、南非和中国等非中心国家的中高等发展水平所示——和巴西对外贸易结构的变化，削弱了区域一体化对巴西及其精英阶层参与国际事务所发挥的作用。从自由主义和国家发展主义这两个角度来看，南共市仍然是巴西实施外交政策的一个重要平台。不过，企业和政府的兴趣开始转移，它们的行动开始专注于其他方向。吉马良斯（Guimarães，2006：275）认为，"在一个多极化的世界体系中，南美是其中的一极，因此必须坚持不懈地维护这一体系，而不是继续满足于仅仅成为另一经济和政治之极的子区域。"

如前文所述，从1985到1998年，南共市内部的贸易发展十分重要。巴西对后来的南共市成员国的出口份额从1985年的3.86%增至1998年的17.37%，同期进口份额从4.88%增至15.19%。（CEPAL，2003）除了这种数量上的明显重要性之外，巴西在南美地区的贸易质量也在向好的方向发展，因为高附加值产品和服务的比重大幅提升。

图6-2、图6-3和图6-4表明了1989到2007年巴西对外贸易结构所发生的变化，并显示了其间进出口的变化以及取得的贸易差额。分析不同国家的贸易数据很有趣，可以看出巴西对南共市各成员国及中国和印度进出口占比的变化，如表6-1和表6-2所示。就对印度而言，尽管两国都努力加强彼此的关系，并在20国集团和三国对话论坛采取联合行动，双

边贸易却并没有显著增长。相比之下，巴西与中国的贸易却有大的飞跃，在一定程度上改变了巴西在国际关系中的经济形象。2008 年，中国成为巴西第二大贸易伙伴；2009 年，这种重要性继续上升。如果单纯考虑与中国的贸易，那么巴西基本上是一个商品出口型国家。

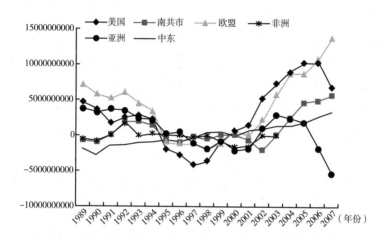

图 6 - 2　1989 ~ 2007 年巴西与部分国家和地区的对外贸易额

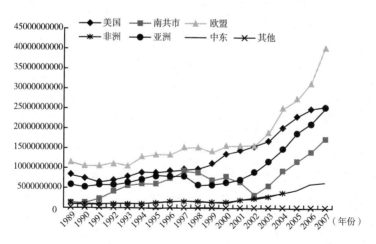

图 6 - 3　1989 ~ 2007 年巴西对部分国家和地区的出口额

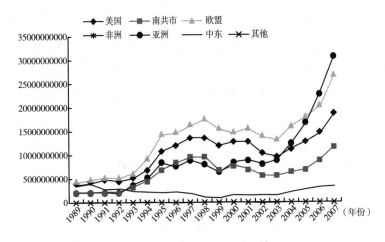

图 6 - 4　1989～2007 年巴西从部分国家和地区的进口额

　　影响国际参与的因素多种多样，但最重要的包括资金、技术、价值观、文化流动及权力关系。贸易是一个十分重要的因素，巴西的对外贸易具有比较多的目的国和来源国，对于赞成将伙伴关系多元化视为巴西外交政策一部分的观点来说，这会成为一种支持。2007 年，巴西对外贸易总值达到 2810 亿美元，主要贸易伙伴是美国，贸易总值接近 440 亿美元，占巴西贸易总额的 16%。第二大贸易伙伴是阿根廷，总值达 248 亿美元，几乎占 9%。中国和巴西之间的贸易额为 233 亿美元，超过 8%。图 6 - 4 中的长期贸易额表明，从亚洲的进口增长最大。如表 6 - 2 所示，在巴西的进口总额中，从中国进口的份额从 1989 年的 0.7% 增至 2007 年的 10.46%。与此同时，对中国的出口则从 1.83% 增至 6.69%。这种发展带来的政治和战略影响不可忽视。我们从图 6 - 2 中可以看到，巴西的贸易顺差主要源于与欧盟、美国和南共市的贸易差额。而与阿根廷的贸易尽管在 1999～2002 年严重危机之后得到恢复，但相对而言，并没有重新达到 1998 年的峰值。图 6 - 3 和图 6 - 4 表明巴西与南共市的贸易关系有所加强。前文曾经强调，南美地区对巴西的贸易顺差贡献很大，尤其是考虑到高附加值产品的份额。但即便如此，南共市在巴西的总体对外贸易中还是减少了市场份额。

表 6 - 1　巴西出口（占出口总额）

单位：%

年份(1989～2007)	阿根廷	巴拉圭	乌拉圭	中国	印度
1989	2.10	0.94	0.97	1.83	0.58
1990	2.05	1.21	0.94	1.22	0.53
1991	4.67	1.57	1.07	0.72	0.52
1992	8.49	1.52	1.44	1.29	0.42
1993	9.49	2.47	2.01	2.02	0.32
1994	9.50	2.42	1.68	1.89	1.43
1995	8.69	2.80	1.75	2.59	0.69
1996	10.83	2.77	1.70	2.33	0.39
1997	12.77	2.65	1.64	2.05	0.31
1998	13.20	2.44	1.72	1.77	0.28
1999	11.17	1.55	1.39	1.41	0.65
2000	11.32	1.51	1.22	1.97	0.39
2001	8.60	1.24	1.11	3.27	0.49
2002	3.89	0.93	0.68	4.18	1.08
2003	6.25	0.97	0.56	6.20	0.76
2004	7.66	0.91	0.70	5.64	0.68
2005	8.39	0.81	0.72	5.78	0.96
2006	8.52	0.90	0.73	6.10	0.68
2007	8.97	1.03	0.80	6.69	0.60

数据来源：巴西中央银行，2008。

表 6 – 2　巴西进口（占进口总额）

单位：%

年份(1989 ~ 2007)	阿根廷	巴拉圭	乌拉圭	中国	印度
1989	6.78	1.96	3.25	0.70	0.19
1990	6.62	1.56	2.83	0.83	0.08
1991	13.88	2.54	4.57	1.40	0.23
1992	8.42	0.95	1.47	0.57	0.14
1993	10.76	1.09	1.53	1.21	0.36
1994	11.07	1.07	1.72	1.40	0.27
1995	11.19	1.03	1.48	2.08	0.34
1996	12.76	1.04	1.77	2.12	0.35
1997	13.29	0.87	1.62	1.95	0.36
1998	13.90	0.61	1.81	1.79	0.37
1999	11.81	0.53	1.31	1.76	0.35
2000	12.27	0.63	1.08	2.19	0.49
2001	11.17	0.54	0.91	2.39	0.98
2002	10.04	0.81	1.03	3.29	1.21
2003	9.68	0.98	1.11	4.45	1.01
2004	8.86	0.47	0.83	5.91	0.88
2005	8.48	0.43	0.67	7.27	1.63
2006	8.82	0.32	0.68	8.75	1.61
2007	8.63	0.36	0.65	10.46	1.79

数据来源：巴西中央银行，2008。

　　大型私营企业和国有部门的兴趣之所以发生转移，包括以下原因：2001 年以后全球经济增长（亚洲尤其是中国在其中发挥了关键作用），巴西积极参与世贸组织谈判（通过该组织来提高自己的地位），以及 2003 年以来物价水平居高不下。（Prates，2005/2006）巴西在 2008 年金融和经济危机中的表现说明，对于建立全球多极化体系和结束单边主义的重视，是基于观念上的支持，即认识到要实现能力的最大化，就需要参与各种地区和多边论坛。巴西积极参与20国金融会谈，与此同时在地区范围内协调政策却困难重重，就充分体现了这一点。在2008年11月于华盛顿举行的20国集团领导人金融市场和世界经济峰会闭幕之际，卢拉总统总结道："鉴于各国的政治力量和在20国峰会的表现……我们没有理由在不考虑这个论坛的情况下，做出（全球性的）经济和政治决定。"（*Gazeta Mercantil*，2008a）

尽管人们期望对普遍主义世界观的强调能产生积极的外部效应，促成多边和地区论坛上立场的趋同，但这种愿望只在一定程度上得以实现。从冷战到新兴世界秩序的过渡时期，政治和军事上的优势并不能确保经济上的竞争力，这使得外交政策的选择变成了复杂的考量，因为贸易和金融的联盟并不一定意味着政治观点的吻合。单边主义的结束和多边主义的形成会使南共市、南美洲国家联盟以及巴西与联系国的关系得到加强。巴西政治对区域一体化兴趣浓厚，但要在这一过程中前进，特别是对南共市而言，却要与全球的环境联系起来。

巴西的区域一体化政策就是以这些原则和观念为基础，在全面了解这些原则和观念之后，阐释巴西与中国关系的政治意义十分重要，因为这种关系对整个地区的经济和贸易都很重要。巴德利（Vadell，2008）指出，中国对南美投资和贸易的增长改变了国内行为体的期望，巴西对外贸易的转向就表明了这一点。阿根廷和其他国家也发生了类似的情形。莱昂－曼里克斯（León-Manríquez，2006）认为，这些股东对中国的期望值很高，因为他们如今将中国视为其国家发展的一个重要选择。正在形成的经济关系类型也产生了一定程度的困惑。巴德利（Vadell，2008）指出，巴西需要关注遵循中心－边缘模式的专业生产所带来的风险，这些风险可能不仅出现在经济增长的时候（鉴于中国经济对商品有巨大的需求），还存在于全球衰退的情形，就像始于 2008 年的那场危机一样，当时美国和欧盟的经济都在紧缩。在那场危机中，巴西鞋业协会（Abicalçados）、家具行业协会（Abimóvel）、服装行业协会（Sindivestuário）等大型商业组织都担心，由于发达国家经济衰退和需求减少，亚洲会转而为自己的商品寻求新的市场。（*Gazeta Mercantil*，2008b）阿根廷也经历了相似的情况，从而引发了保护主义行为，这对南共市本身可能造成影响。

尽管存在上述风险，企业和社会团体通过与中国的交往而获得了机遇，这些机遇巩固了与区域一体化并不直接吻合的行动，因为它的利益并不取决于互补性的区域生产体系。与中国的贸易顺差对阿根廷十分重要，这种顺差有时会强化一种被称为新型国家发展主义的现象。（Godio，2006）就巴西而言，与中国的贸易时而出现顺差，时而出现逆差。中国凭借无与伦比的增长速度，鼓励其他国家做出战略调整，不管是在高科技行业（如巴西航空工业公司的飞机和卫星发射）还是在商品领域（如淡水河谷公司的铁矿石）。

如图 6-2、图 6-3、图 6-4 所示，相较于南共市，非传统市场（非洲、亚洲、东欧、中东和其他地区）已经增长的贸易差额近年来没有大的变化。不过，由于前文详细探讨过的原因，南方部分国家越来越受到巴西政府及精英阶层的关注。

对经贸规模效益的考虑使大股东们将资源集中于进入主要市场，此举转而引发了关于自主和伙伴关系多元化制约了南共市进展的议论。卢拉·达席尔瓦政府在加强这种对于主要市场的关注的同时，并未忽视区域一体化。由此可以解释为使委内瑞拉全面参与贸易联盟所做的努力，这可能为区域一体化进程注入新的活力。

21世纪初，内斯托尔政府、克里斯蒂娜·基什内尔政府和卢拉政府的思想立场比较相近（他们都自称为具有左翼特征的改革派政治家）。虽然政治观点一致，南共市进程的深化却未能实现。尽管在某些具体问题上可以推出共同的政策，但整体上的认同却不足以使区域一体化进程的进展变得不可逆转。在巴西的概念框架下，深化区域一体化受到关注，这在卢拉执政期间显而易见，但是未能形成更强大的内驱力。

> 区域一体化的基础是巴西与阿根廷的双边关系。在我们所面临的最迫切的问题上，卢拉总统和基什内尔总统的观点高度一致，这在2003年10月生效的《布宜诺斯艾利斯共识》中得到体现。这份文件反映了我们对于经济增长及社会公平的共同愿望，表明了我们将南共市贸易联盟……变成一个建设我们美好未来的媒介的决心。（Amorim，2004：158）

2005年，在马德普拉塔举行的美洲首脑峰会上，巴西和阿根廷提议推迟关于美洲自由贸易区的谈判，这似乎与美国的利益相违背。就巴西而言，区域一体化所存在的难题不能完全归咎于政府。全社会对强化南共市缺乏兴趣，有时甚至公开表示反对。例如，在2004年11月举行的一次会议上，来自圣保罗州工业联合会、巴西鞋业协会、家电制造商协会（Eletros）、巴西外贸协会（AEB）等各个行业和组织的工商界领导人以不同的方式，就深化该贸易联盟对巴西的重要性问题提出了质疑。对于是否需要从一个尚不完善的关税联盟返回到自由贸易区，工商业界展开了激烈的讨论。在上述组织的代表看来，南共市是一种束缚，制约了巴西参与国际谈判的能力，阻碍了巴西与美国和欧盟的双边协议。（*Valor Econômico*，2004）

通过分析私营企业的顾虑，证实了一个趋势，即巴西对一体化进程的重视程度不断下降。部分企业团体意欲弱化南共市在巴西外交政策及经济和国际贸易战略中的作用。当社会面临着随一体化进程而来的问题时，各种反对南共市的声音就会出现，但很少有人提出为改善它而应该采取的行动。政府的立场是将南共市维持在不完善的体制框架之内，这似乎符合巴西精英阶层——不管是国内还是国外——的普遍期望和需要。

巴西超国界政策的动机

自主与伙伴关系多元化的概念不仅受到部分精英人士的拥护，在外交部的工作记录中也有体现。如前文所述，这两个概念引发了对于南共市的某些质疑。文特（Wendt，1994：386）指出，"集体认同对这样一个多边机构既非必要，也并不等同于该机构本身，而是通过激发意愿，使各方遵循'普遍性行为准则'和广泛互惠的原则，来为该机构奠定重要的基础"。巴西会随着该组织一体化的深化而失去主权和自主的观点仍然在指导着部分政府官员的行动。因此，对南共市的选择受到摒弃，因为人们认为它会限制巴西在全球范围的国际谈判中的操纵空间，妨碍其实现伙伴关系多元化的能力。利马（Lima，1994：2003）认为，巴西的外交政策模式与南共市体制化的深化背道而驰，因为人们的普遍希望是将巴西变成一个重要的国际参与者。另外，还有人认为巴西在南锥地区有其特殊性（阿根廷也有类似的观点）。

鉴于对巴西一体化政策背后的结构原因进行探讨的目的，揭示巴西立场——倡导国家自主和主权的原则——所隐含的原理会十分有趣。皮尔逊（Pierson，1998）认为，各国政府在向区域性社会组织或机构授予具体职能时，最终往往会失去对一体化进程的控制，而使其落入那些组织或机构手中。区域性组织或机构可能不经过政府的协调，就为国内的一些新成员打开方便之门，使其参与决策过程。此举可能会强化这些区域性实体，为它们提供新的合法性渠道。一旦这些组织在一体化进程中获得一定的权威，成员国就很难将这些变化扭转过来，以恢复自己最初的权力。重新夺权也不现实，因为成本太高。久而久之，区域一体化的决策动态就会越来越独立于各成员国之外。正因如此，巴西政府才不太愿意加强这一贸易联盟的体制建设，因为巴西不想失去对一体化进程的掌控。

1991 年的《亚松森条约》明确了联盟的结构，将决策权集中于共同市场理事会。该理事会由成员国的总统及财政部部长和外交部部长组成。与此同时，由外交部的副部长或副秘书长组成的共同市场小组则负责一体化进程的执行管理。这种体制设计并不适合在成员国之间形成一体化认同。

对于加强南共市的体制建设，巴西的相当一部分社会、经济和地区精英及政界似乎都不感兴趣，因为现有结构似乎完全满足他们的需要。尽管南共市的目标已经有了调整，但其关注面仍然包括扩大贸易，有时还包括扩大跨境投资，比如国家石油公司、伊塔乌银行、邦吉公司、盖尔道集团、美洲饮料公司、得兴集团以及其他国有和跨国公司——尤其是汽车和食品行业——就是这样。在某些重要的情况下，这一联盟仍然很有意义。它可以为对美关系派上一定的用场，对与欧盟的交往，尤其是在世贸组织和与新兴国家的部分谈判等问题上，以及贸易联盟之间的对话方面，都很重要。不过，某些立场被指会限制因自主性的加强和贸易伙伴的增多而带来的选择，所以得到避免。因此，"对巴西和阿根廷来说，真正'投资'南共市项目的主要障碍是两国社会和政府的多个部门在评估该贸易联盟时所表现出来的模棱两可，尽管它们口口声声对一体化表示支持。"（Gonçalves & Lyra，2003：14）

小　结

　　巴西精英阶层希望发挥主导和普遍的作用，这就需要可以在国际舞台上随意采取行动的自由，而不必受制于区域性协定以及因为不得不向弱小的伙伴国让步而产生的义务（参见附录3）。区域一体化并未遭到摒弃，相反，人们认为可以从中获益，而无须承担伯吉斯（Burges，2009）所说的"合作性经济增长"的成本。我们的分析表明，巴西社会没有足够的中坚力量来加强一体化进程。卢拉执政期间，政府试图了解支撑部分邻国利益的驱动力，以努力改变这种局面。基于民主的稳定、国家的发展以及对国家利益的捍卫，巴西政府得以在良好的国际关系中保持平衡，2006年起与玻利维亚的谈判——缘于埃沃·莫拉莱斯政府对石油行业的干预——就表明了这一点。同样的事例还有2008年起与巴拉圭的谈判，其原因在于费尔南多·卢戈政府向厄瓜多尔总统拉斐尔·科雷亚，乃至向委内瑞拉总统乌戈·查韦斯提出了一项重新商讨伊泰普水电站协定的议程。我们认为，不管是私营企业还是国有企业，都不愿承担区域一体化的成本和解决因南共市成员国之间权力不对称所造成的障碍，尽管在巴西总统和外交部的官方表态中，该联盟都被视为对外贸易政策的重中之重。马赛洛·马里亚诺指出：

> 一方面是扩张，另一方面是政府不愿解决现存的权力不对称问题，使得一体化进程未能确立打牢基础的坚定目标。与此同时，不太稳固的关税联盟所带来的局限，以及应对由此产生的新要求所固有的困难，都可能导致一体化进程对各国政府和国内大股东缺乏吸引力，最终形成一种僵局，反而可能强化反对一体化的社会力量。这似乎就是该组织目前的处境。（Marcelo Mariano，2007：194）

在巴西，人们对区域性事务很少在意。这首先是因为作为南美第一大国，国内的问题十分重要，其次还因为在卡多佐政府时期，对全球性议题和议程越来越重视，而卢拉执政时则更是如此。"在阿根廷，无论是好是坏，巴西都是一个议题；不仅出现在日常生活中，还是媒体的永恒话题。而在巴西，人们对阿根廷的关注则要小得多，除非是在严重危机的时刻。"（Gonçalves & Lyra，2003：21）。

对巴西社会和国内精英阶层而言，理解南共市的前景与有关巴西未来国际地位的讨论密不可分。卢拉·达席尔瓦政府时期，针对需要更好地明确区域一体化对巴西是否有用和重要的问题，进行了激烈的讨论，但有待明确的是担负成本的意愿。高度不对称的一体化进程往往需要一个肯花钱的大老板。

（Mattli，1999）在这种情况下，巴西不得不在南美扮演这个角色。于是就必须分析另一个问题：巴西是否有能力扮演这个角色。贫困国家在担负区域一体化的成本时受到客观条件的制约，可能不具备这种实力。马特利（Mattli，1999）指出，大老板的角色不仅关乎经济，还涉及向社会组织授予某些职能。这意味着接受和信任区域一体化，将其视为国内政策的一部分。设立南共市结构趋同基金（FOCEM）[4]——最初的数额为10亿美元，到2008年增至25亿美元——等行动，就旨在加强区域一体化；2007年5月7日成立了南共市议会，以取代联合议会委员会，目的也在于此。然而，正如结构趋同基金资源不足所示，各国不愿付诸经济和政治行动，这似乎证实了一个结论，即该组织在构建体制框架方面进展十分缓慢。与伯吉斯（Burges，2009）的观点所不同的是，这可能不仅仅是源于巴西的自私意图：既想成为领导者，又不愿对其他相关国家给予补偿。卢拉·达席尔瓦政府时期，国内批评的矛头常常恰恰相反，一直强调巴西的政治和经济局限性。

巴西重要的社会部门曾经倡导一种立场，即南共市可以倒退一步，重新变成自由贸易区，但这会削弱巴西和南共市在国际体系中的谈判能力。前文已经探讨过，加强体制化建设需要巴西付出成本（比如降低在国际上的自主权），但对非体制化和至少自1997年起就以短期经济利益和与关税相关的利益名义存在的不确定情形所带来的不利因素，也必须加以考虑。

我们的分析表明，需要为实现一定程度的超国界性达成一致（比如为保障南共市的深化而实施的行动、规则和规范）。卢拉政府已经表明，它并不反对为此而采取的某些行动。这意味着重新审思支撑巴西政策的概念，也就是自主和伙伴关系多元化，使它们能够吸纳一体化的原则，包括目标关联的理念。（Nardin，1987）这就要求创造和推广一种重视长远效益和接受部分短期成本的文化。如果像官方文件和声明中所说，南共市是巴西国际参与战略的基础，那么它的体制化程度就需要加强。

通过实施产业和部门的一体化政策，采取支持区域生产链的行动，以及完善制度手段——构想于20世纪80年代，其间，在1986年的"经济一体化与合作计划"（PICE）[5]的框架之内签署了24项行业协定——可以减少权力不对称，一旦有更大的市场潜力时，也会有利于资源的分配。

注释：

[1] 包括《伊瓜苏宣言》（1985年11月），"经济一体化与合作计划"（1986年7月）和由此而来的24项协定，以及《一体化、合作与发展协定》（1988年11月）。

[2] 比如安德烈斯·马拉默德（Andrés Malamud，2005）就试图表明，政府间主义的辞令与南共市的具体成果相距甚远。

[3] 共同市场小组是南共市的执行机构，其根本职责是贯彻《亚松森条约》和通过为实施理事会做出的决定而需要的决议。

[4] 南共市结构趋同基金由南共市理事会设立，以资助旨在加强南美国家的结构趋同、竞争力和一体化的项目。

[5] "经济一体化与合作计划"的目的是提供一个共同的经济空间，有选择性地开放市场和刺激各国某些部门的经济互补。

第七章
两种不同的自主：巴西与委内瑞拉
关系

引　言

本章探讨巴西与委内瑞拉的关系。委内瑞拉对巴西的外交政策十分重要，一方面是因为这个国家拥有巨大的潜在能源，另一方面还因为其掌权者是一位颇具争议的人物乌戈·查韦斯，他在位的时间与卢拉的两个任期形成交集。查韦斯与巴西的关系出现过几次反复，时而亲密，时而疏离。不过，两国虽然已经达成友好关系，也并不表明没有分歧。分析两国的关系很重要，通过这种分析，可以对卢拉政府外交政策的具体特征有更清楚的认识。巴西和委内瑞拉的外交政策在关注点和风格上存在差异，这可能会影响卢拉所倡导的多元化自主战略，因为查韦斯提出了不同的政治选择，会对拉美某些政府产生影响。乌戈·查韦斯执政期间，用他自己的话说，委内瑞拉推行的外交政策是在宣传"21世纪的社会主义"。（Urrutia，2006：159）尽管这一说法的含义尚不明确，查韦斯在对美问题上采用的却是极端的疏离型自主言论。（Zúquete，2008）就巴西而言，由于查韦斯和卢拉在某些方面似乎表现出局部和有限的意识形态认同，尽管在外交政策上存在差异，两国最近几年却相互接近，在贸易和投资领域的经济关系也越来越密切。

委内瑞拉外交政策的五个阶段

利马和科福里（Lima & Kfuri，2007）将委内瑞拉的外交政策史分为五个不同的阶段。第一阶段是 1958 年到 1967 年，是巩固民主和确立贝坦库尔特主义的时期，即委内瑞拉政府不承认通过政变上台的非民主政府。其间，委内瑞拉与巴西、玻利维亚、哥伦比亚、阿根廷和秘鲁的外交关系中断。这种政治姿态加上石油贸易的经济需求，使委内瑞拉与美国建立起一种特殊的关系。

第二阶段是 1967 到 1980 年，标志着委内瑞拉开始扭转对拉美关系上的孤立主义政策。巴西通过支持提高石油价格的政策而与委内瑞拉合作，从而增强了委内瑞拉在重新评估第三世界原材料时的外交话语权，当时正值 1974 至 1978 年埃内斯托·盖泽尔当政期间。另外，1978 年 4 月，委内瑞拉与巴西签署了石油、石化、采矿和钢铁工业等领域的合作协议。同样是在 1978 年，委内瑞拉还承认，与安第斯条约组织（具有经济性质）签署的区域性协议的存在和关于自然资源管理的政治性协议并不矛盾，这为签署由巴西发起的《亚马孙合作条约》创造了必要条件。

长期以来，委内瑞拉政府一直利用石油来影响安第斯国家、中美洲和加勒比海地区。（Villa，2007；Villa，2006；Serbin，2006）这一政策在卡洛斯·安德烈斯·佩雷斯总统第一任期（1974～1979 年）开始实施，佩雷斯总统来自民主行动党（AD），该党与国际性的社会民主党关系密切。这是一个石油价格急剧上涨的时期，所谓的"巴西经济奇迹"——尤其是在埃米利奥·加拉斯塔祖·梅迪西执政期间（1969～1974 年）的经济快速增长——引发了委内瑞拉精英阶层的疑虑，他们预计会与巴西就这些地区的领导权问题发生冲突。与巴西政府在对美关系上的政治自主规划不同，委内瑞拉在几乎整个 20 世纪的外交政策中，都将与美国的政治伙伴关系视为具有战略意义。这种伙伴关系表明了委内瑞拉外交政策第三阶段（1980～1988 年）的特征。在国际论坛上，委内瑞拉政府（尤其是民主行动党政府）有时以第三世界的立场出现，但是又避免与中心国家（尤其是美国）的利益发生直接冲突。

与拉美国家的合作与互惠行动在 20 世纪 80 年代得到实施。对委内瑞拉早就提出的关于建立一个拉丁美洲跨国石油公司（即拉美石油公司）的提议，巴西给予了积极回应。（Villa，2006：70）1981 年，巴西与委内瑞拉和墨西哥在加拉加斯签署了启动这一提议的协议。不过，拉美石油公司的计划一直被束之高阁，直到乌戈·查韦斯政府于 1999 年 2 月 2 日上台才改变这一局面。

随着巴西在若泽·萨尔内总统的领导下于 1985 年重新踏上民主化进程，又出现了一种新的观点：要想竞争性地参与国际事务，只有通过南美区域一体化才能实现，第二章已对此进行了分析。在巴西总统看来，一体化是通向国家发展、保卫民主和竞争性地参与国际事务这三大目标的最佳路径。萨尔内执政期间，巴西在 1986 年与阿根廷签署了合作协定，1987 年又与民主行动党总统海梅·卢辛奇政府时期（1984～1988 年）

的委内瑞拉签署了《加拉加斯协定》。（Villa，2006：71）伊塔玛尔·佛朗哥执政巴西和来自独立选举政治组织委员会（COPEI）、具有基督教民主党倾向的拉斐尔·卡尔德拉执政委内瑞拉期间，巴西南美一体化规划的一些基础得以奠定。就委内瑞拉而言，安第斯次区域一体化和国家发展项目则得到加强，从而体现出委内瑞拉外交政策第四阶段的特征。这一阶段恰逢政治体制危机。随着委内瑞拉开始在奥里诺科河地带进行石油勘探，已经有迹象显示，民主行动党和独立选举政治组织委员会的统治即将宣告结束。（Lima & Kfuri，2007）外交政策上的这些变化表明，南美国家将放弃专注于扩大国内市场的国家发展模式，并在参与型自主理念的指导下开始区域合作。

关于区域一体化——尤其是针对亚马孙共同边界地区——的讨论，巴西与委内瑞拉规划有三大主要目标：

1. 开展边界和能源一体化行动；

2. 开展双边贸易交流；

3. 通过建立南美自由贸易区而增加两国之间的相互投资。

对于巴西提出的"索利蒙伊斯河与亚马孙河以北地区的发展和安全——北部走廊项目"，委内瑞拉后来在 20 世纪 90 年代中期以"南部可持续发展项目"（Prodesur）做出了回应。两个项目有着共同的目标，比如改善当地民众的生活水平、保护环境以及开发边界地区的经济潜力。（Villa，2006：72）就巴西而言，还有安全方面的考虑。在费尔南多·恩里克·卡多佐的第二任期，174 号国道重新开放，其马瑙斯至圣埃伦娜－德瓦伊伦（委内瑞拉境内的第一个小镇）路段将两个国家连接起来。委内瑞拉方面也已经开通 BC—8 输电线路，由此将委内瑞拉卡罗尼河发电站的电输送到博阿维斯塔。当时，巴西已经计划将区域一体化作为一种工具，以更广泛地参与国际事务，这是参与型自主战略的特征，旨在增进合作，提高巴西在南美地区的地位。自 1995 年以来，巴西与委内瑞拉的贸易关系得到显著加强，1988 到 1995 年间的贸易量不断增长。（Cisneros et al.，1998：9）另外，吸引巴西成为安第斯开发公司（安第斯共同体的筹资机构）的投资伙伴也是委内瑞拉的策略之一。

委内瑞拉外交政策的第五阶段（也是现阶段）始于乌戈·查韦斯的"玻利瓦尔革命"，它是对 20 世纪整个下半叶所推行并在 80 年代得到深化的政策的一种反应，也是不满于高度依赖美国石油市场的一种反应。（Lima & Kfrui，2007）《2001~2007 国家发展规划》提出了委内瑞拉外交政策的指导方针，该规划旨在促进国际社会的民主化和拉美及加勒比地区的一体化，加强南南关系，提高委内瑞拉在世界经济中的地位。为了贯彻这些政策，石油将成为实现"社会主义"区域一体化计划的基础。（Lima & Kfrui，2007）该计划有三个具体目标：

1. 以反霸权的行动与美国对抗；

2. 加强区域关系，建设拉美一体化；

3. 创设"美洲玻利瓦尔替代计划"（ALBA），这是一个具有社会主义特色，似乎与美洲自由贸易区相抵触的区域一体化建议。

查韦斯政府实现目标的重要手段是广泛利用媒体，另一个是石油。传播媒介是乌戈·查韦斯在世界范围内的政治宣传工具，使他的行为具有正面和负面双重色彩，巩固了他作为国际舞台上的一个政治人物的形象。（Santoro & Valente，2006）而在巴西，反对派批评卢拉政府在国际社会的行动立场与巴西的经济和政治现实不符，他们认为部分立场缺乏可持续性，比如希望成为联合国安理会常任理事国等。在委内瑞拉国内的反对派——尤其是查韦斯政策的反对者——看来，查韦斯并非总是言行一致，"比如我们知道，查韦斯动不动就对美国进行抨击，但与之相反的是，他却很难停止向美国提供石油"（Santoro & Valente，2006）。在 2008 至 2009 年的金融危机中，国际市场上的石油价格急剧下跌，从而可能为推行更坚定的外交政策增加了难度。委内瑞拉政府的言论——尤其是在 2001 年之后——对该地区部分国家产生了影响，特别是意识形态方面。这些国家包括古巴、玻利维亚、厄瓜多尔，近来还有巴拉圭和尼加拉瓜。尽管存在第六章讨论过的各种障碍，巴西的行动仍然受到旨在合理利用资源的经济制度的支持，有关创立南方银行以资助南美发展的讨论就清楚地印证了这一点。

对查韦斯政府来说，建立包括中美洲和加勒比地区在内的南美自由贸易区的重要性日益凸显。在这种意义上说，巴西开始在委内瑞拉的外交事务中占据战略性地位，从而推动了委内瑞拉向南共市靠拢的进程。查韦斯执政期间，委内瑞拉的贸易外交政策是对始于拉斐尔·卡尔德拉总统第二任期（1994 ~ 1998 年）的政策的延续，但将合作兴趣转移到了亚马孙地区，特别是为了深化与巴西和南共市的商业、能源和政治联系。查韦斯政府有意加入南共市（Ministério de Relaciones Exteriores de Venezuela，2005），从而促进了委内瑞拉与巴西的关系。在 2004 年 7 月的南共市峰会上，委内瑞拉成为安第斯共同体（CAN）中的第四个南共市联系国（前三个是玻利维亚、智利和秘鲁）。随后，在 2006 年 7 月 4 日，委内瑞拉签署了《加入南共市议定书》，成为约占拉丁美洲 GDP 总额 75% 的这个经济联盟的成员。因此，

2010年1月，委内瑞拉承诺执行南共市对外共同关税（TEC），只有敏感产品除外。（Sennes & Barbosa，2007）

巴委关系的亲与疏

巴西对2002年4月（仍然是卡多佐政府时期）发生的企图推翻查韦斯政府的未遂政变表示了谴责，从而加强了两国关系。巴西的表态应该被视为正常的姿态，反映了尊重各国主权的传统。成立"委内瑞拉之友"小组的建议始于2002年12月，恰逢巴西向卢拉政府过渡之际，它不仅深化了卡多佐政府的方针路线，还渐渐改变了在委内瑞拉精英阶层根深蒂固的针对巴西的三种负面观念，即扩张主义、对巴西的区域一体化规划的怀疑以及巴西在委内瑞拉外交政策中的边缘地位，树立了关于巴西的正面形象。对查韦斯领导下的委内瑞拉来说，突出的地位不仅仅意味着谋求与美国在意识形态领域的对抗和国内的发展，它还是在本地区推进玻利瓦尔革命的一种努力。从这种意义上说，查韦斯参与拉丁美洲的战略是基于向某些国家提供援助。这方面的行动之一是与古巴达成协议，根据该协议，委内瑞拉承诺提供石油，以换取古巴医生来委内瑞拉医院工作。委内瑞拉驻美洲国家组织（OAS）大使曾说，"我国政府认识到，石油可以成为一种有力的杠杆，推动我们这些国家的发展、一体化、合作、团结和经济互补"（Valers，2005）。通过2005年成立的加勒比石油公司，委内瑞拉承诺在未来十年内，向中美洲和加勒比地区成员国提供价值170亿美元的补贴石油。该项目将委内瑞拉的援助置于和澳大利亚、比利时、丹麦、挪威、葡萄牙、西班牙和瑞士等经合组织（OECD）国家的援助同等重要的地位。（Burges，2007：1347）而委内瑞拉国家石油公司（PDVSA）则谋求与西半球最大的跨国公司之一巴西国家石油公司（Petrobras）[1]的合作。这两家公司的合作虽然是巴西和委内瑞拉潜在合作的一个方面，却有一个宏伟的计划，即"以200亿美元的最低价"建成"连接南美所有国家的天然气管道"，这使得许多业内人士认为该计划太过庞大，可行性值得怀疑。（Burges，2007：1348）在内斯托尔·基什内尔总统全面重组国家债务不久，委内瑞拉还用石油赚来的钱支持阿根廷，购买了阿根廷价值13亿美元的债券。（*The Economist*，2006年10月26日）。随着巴西国家石油公司继续在委内瑞拉石油领域投资以及为达成不同形式的合作而继续谈判，巴委两国在石油领域的关系得到进一步加强。在委内瑞拉运营的还有巴西其他的公司，尤其是大型建筑公司。

巴委关系的加强得益于两国近几年建立起来的积极认同。巴西工商界尤其是工业领域的关注十分重要。他们认为委内瑞拉市场前景广阔，可以为他们的产品提供出路，所以支持明确接纳委内瑞拉为南共市正式成员。不过，在政治和意识形态领域，此举却遭到巴西部分政治力量和媒体的反对。查韦斯和卢拉的思想观念比较接近，这有助于两国关系的发展，但这种伙伴关系也并不完全是环境所致。委内瑞拉的精英阶层对与巴西建立联系渐渐有了兴趣，这可能超越了当下的政治环境。

卢拉政府一直力图倡导某种外交平衡，既考虑现有的权力不对称现象，也从多元化自主的观念出发（Naím，2009），努力为重新平衡国际体系、弱化单边主义和霸权政策做出贡献。因此，巴西努力维护多边主义和国际组织改革，而委内瑞拉则倡导反霸权主义的行动，并将对抗美国强权作为核心目标。换言之，卢拉时期的巴西意在寻求体系内部的深刻变革，而委内瑞拉则想改变体系本身。

小 结

在第六章，我们讨论了巴西与阿根廷的关系，从政治、经济和战略角度对其在本地区最重要的合作伙伴进行了分析。不过，这并不表明与其他邻国的关系就不重要。对另外一个重要的邻国委内瑞拉，巴西可能会投以越来越关注的目光。巴委关系虽然十分紧密，但查韦斯当政期间，由于针对秘鲁和哥伦比亚等国的对抗战略，在某些具体问题上也给巴委关系带来了难题。委内瑞拉总统经常发表与美国对抗的言论，并且常常从强烈的意识形态立场出发在该地区采取行动，这些行动显然缺乏长远和理性的规划。埃沃·莫拉莱斯总统上任之初，查韦斯支持玻利维亚对天然气实行国有化，这损害了巴西国家石油公司的利益，给巴西政府和精英阶层留下了非常负面的形象。尽管存在上述因素，两国关系的接近却似乎并非因政治观念相近而形成的环境所致，而是一种历史趋势的结果，它源于超越两国政府之外的利益的融合。

注释：

[1] 2008 年第一季度末，巴西国家石油公司的市场估值为 2350 亿美元，在石油领域仅次于埃克森美孚公司和荷兰皇家壳牌石油公司。（*Folha de S. Paulo*，2008 年 7 月 26 日）

结　语

本书的中心论点是：至少自 20 世纪 80 年代中期至 2009 年，巴西高度重视维护外交自主，尽管在追求这一目标过程中，也推进重要的变革。因此，自主呈现出三种理想的方式：疏离、参与和多元化。在现实世界里，实现自主的这些手段——正如自主本身一样——从来都不是绝对的。它们只是表示倾向的分析范畴。即使巴西的外交政策制定者们能够制定明确的方针，现实也会形成具体的障碍，妨碍它们的精准实施。这些障碍可能源于其他的国家，甚至源于国内那些反对巴西外交政策制定者的部门。这种情况很普遍，可能存在于任何地方，不管是强国还是弱国。多伊奇（Deutsch）在其经典之作《国际关系分析》（1968）中对此进行了清楚的阐释。

在第一章，我们指出，拉美人对自主概念的理解不同于现实主义和新现实主义传统的学者。后者认为，自主的概念意味着在一个无政府主义的国际秩序中，所有国家在法律上被认为彼此平等。因此，他们很重视主权的概念。而在拉美学者看来，自主是一国实施外交政策而极少受到世界大国制约的能力。在他们眼中，自主是位于一个连续体之内，程度可以截然相反——从完全自主到自动依附主要国际大国——的概念。从这种意义上说，正如已经充分讨论过的那样，实现自主的手段有三种：疏离、参与和多元化。巴西学者根据这一视角发展了以上概念。小方塞卡（Fonseca Jr.，1998，2008）指出，自80年代以来，随着民主过渡阶段的开始和冷战的结束，巴西的外交政策发生了变革，而卡多佐政府（1995~2002年）则巩固了这种变革。换言之，卡多佐采取了参与型自主而不是疏离型自主的战略——而自30年代以来，包括军政府期间，巴西推行的都是疏离型自主战略，只有在卡斯特洛·布兰科任内（1964~1967年）的部分时间，因为在国际政治问题上靠拢美国，才成为一个例外。

疏离型自主是基于经济发展以扩大国内市场，基于保护主义行为及远离重大的国际议题和霸权制度，基于努力加强南南联盟。而参与型自主则包括扩大国际参与，在一定程度上靠拢富裕国家的议程，以及通过谈判接受自由主义规范和制度。最后，多元化自主意味着与南方国家保持紧密联系，以便更多地参与国际制度（乃至自由主义制度），同时支持多边主义解决方案，谴责强国（尤其是美国）推行的单边主义。

第二章表明，萨尔内执政期间，巴西受到来自美国政府和企业的巨大压力。这些压力与国际体系的变化（冷战结束和经济全球化加快）及国内的变化（民主过渡）一起，使巴西从疏离型自主战略渐渐转向参与型自主战略。为了说明巴西当时所承受的压力，我们在本章引用了四个重要的案例，即外债谈判、信息技术争端、专利权争端，以及关于将知识产权和服务等"新议题"引入关贸总协定/世贸组织乌拉圭回合的谈判。

第三章指出，科洛尔·德梅洛和伊塔玛尔·佛朗哥执政时期成为一个过渡阶段，其间，巴西外交政策的"旧范式"还没有完全衰败，"新范式"又尚未形成。科洛尔·德梅洛虽然没有摒弃自主的传统，但制定的多种原则（Cruz Jr.，Calvalcante & Pedone，1993）却表明其外交政策的方向不明确。在担任总统的第一年，科洛尔·德梅洛希望放弃自主的理念，转而依附美国和其他富裕国家，因为他相信通过经济开放可以实现现代化。然而，外交部总是力图将总统的激进行为最小化。塞尔索·拉费尔执掌外交部后，制定外交政策的权力又重新回到外交部手中。科洛尔·德梅洛被弹劾后，伊塔玛尔·佛朗哥继续授权卡多佐领衔的外交部负责外交政策的决策过程。当阿莫林接管外交部（而卡多佐担任财政部部长）后，巴西外交的传统主题又再度得到重视。一种更为自主的姿态呈现在世人面前，其标志是争取成为联合国安理会常任理事国。在不远的将来，三位核心人物——拉费尔、卡多佐和阿莫林——将在巴西的政治舞台上占据关键地位，因此在 1995 年之前，每个人都在各自执行巴西外交政策的几年里，有第二次机会对渐渐成形的"范式"进行完善。

在第四章，我们指出，克林顿政府与卡多佐的总统任期（1995~2000 年）及其参与型自主理念所指导的外交政策有过六年交集，它使巴西产生了建立多边主义规则和自由主义制度的期望，尽管这种期望在很多方面并未实现。2001 年"9·11"事件之后，在已经是乔治·W. 布什总统执政的美国，单边主义又有了上升势头，其关注点转移到世界各地（尤其是中东）的安全问题上，使得遵循参与型自主战略的行动更加困难。卡多佐政府时期，参与型自主的概念并未完全失效，而是具有了新的特征。针对以上形势，卡多佐政府加强了与中国、印度和南非的关系，同时又与美国就美洲自由贸易区问题保持对话——特别是在美洲国家首脑会议圣地亚哥峰会（1998）和魁北克峰会（2001）之间——并推动南共市与欧盟的关系。换言之，参与型自主概念经过卡多佐政府的完善和全力实施，到他八年任期结束之际，已显出强弩之末的迹象。这使得巴西外交政策终于在下一届政府时得到调整和变革，根据赫尔曼（Hermann，1990）的区分，这种变革略微超出了程序变革的层面，而趋近问题和目标上的变革。

在第五章，我们指出，与卡多佐相比，路易斯·伊纳西奥·卢拉·达席尔瓦总统的外交政策具有既变革又延续的因素，还具有逐步调整和在纲领上重新定位的特点。它体现出多元化自主战略的特征。这种渐进式——因而没有造成断裂——的变化重点表现为问题和目标的变革。作为其执政的关键标志，卢拉总统致力于倡导国际体系的多边主义，减少权力不对称和使其更加民主化。卢拉政府反对霸权主义思维和单边主义，但是又与富裕国家保持对话与合作。它没有偏离巴西外交的传统原则，即将外交视为促进经济发展和维护国家自主的一种手段。通过对两届政府立场的分析，我们发现，卢拉总统致力于加强与南方国家伙伴关系的体制化（比如三国对话论坛和20国集团），以提高巴西在国际谈判中的议价能力。由此可以看出两者的不同，因为卡多佐政府建立对话关系的目的在于促进贸易，而不是追求与中国、印度、南非等国伙伴关系的体制化。巴西试图构建世界权力的新格局，以减少各国关系的不对称，这并不意味着与发达国家（尤其是美国）形成对抗，因为针对不同的议题领域（如安全、贸易等），它会采用不同的外交策略。因此，努力建立多元化伙伴关系——而不仅仅是参与由发达国家价值观所主导的国际机构——是卢拉外交政策中的一个重要而特别的因素，尽管在巴西精英阶层和外交政策制定者中并未完全达成共识。

在未来的几年里，巴西外交政策会走向何方，目前还难有定论，但可能会保持一定程度的延续性。开始于2008年的那场国际经济危机，到2009年我们撰写此书时仍然在影响全球经济，这是不确定性因素之一。在公众不满于乔治·W. 布什的政策之后，民主党人巴拉克·奥巴马当选美国总统，这使得巴西在世界舞台上的表现难以有确切的进展。作为地球上的头号大国，美国在行为方式上的变化会带来全球性的变化，巴西必需对此做出应对。另外，2010年巴西将举行总统大选，其结果难以预料。如果卢拉总统能够再次当选，那么，不管在新的国际环境要求下会有怎样的变化，巴西的外交政策可能还是会维持多元化自主的主要原则。反之，如果由巴西社会民主党（PSDB）领导的反对党获胜，则巴西外交政策的路径会发生相对大一点的变化。不过，鉴于卢拉总统在第二任期的高支持率[1]，很难想象新总统会彻底推翻上一届政府长达八年的建树。尽管也有人指出，卢拉总统之所以深得人心，完全是因为他在国内推行的削减贫困和收入重新分配的政策，但不少事实表明，巴西近年来的外交行动十分成功。例如，巴西越来越积极地参与各种国际论坛（比如参加旨在改革国际金融组织，为当下的全球经济危机寻求应对之策的20国集团金融峰会等），是受经济危机影响最小的国家之一，被视为最有前途的新兴经济体之一（可能仅次于中国和印度），是在未来的国际社会中可能发挥重大作用的发展中国家组织金砖国家（巴西、俄罗斯、印度和中国）的成员。卢拉总统也已经成为世界舞台上的一个比较突出的人物。2008年底，在《新闻周刊》评出的全球最有影响力人物中，他排名第十八位。该杂志的国际编辑法里德·扎卡里亚和奥巴马总统都认为，卢拉可能是世界上最受欢迎的总统。有人认为他在卸任总统一职后，可能会成为世界银行总裁候选人，那么这将是首开先河，因为该组织的掌门人一贯都是美国人和欧洲人。

第六章指出，巴西希望成为全球参与者和全球贸易商，高度重视自主，积极寻求伙伴关系多元化并尤其关注与中国、印度、南非和俄罗斯等主要发展中国家的关系等，会构成潜在的障碍，可能妨碍深化南共市的协议以及向巴拉圭、乌拉圭和阿根廷等地区合作伙伴做出让步。在巴西的几届政府看来，加强区域一体化的体制化建设会使巴西丧失主权和国际自主，而通过伙伴关系多元化，巴西可以将资源和精力集中在具有战略意义的行为体上。南共市和南美一体化仍然很重要，而后者更受重视，但政府集中关注的不只是这些目标。这并不意味着区域一体化被认为益处不大，而是在承担一体化的成本方面，巴西重要的政治和企业领导人有些犹疑。我们认为，一体化进程的主要障碍并非巴西的自私意图（也就是既想确立自己的领导权，又没有提出于该地区其他国家有利的相应措施），而是源于巴西自身在经济和政治上的局限性，是其作为发展中国家的条件所限。

在第六、七章，我们指出，巴西近年来所制定的战略——主要是多元化自主——常常面临该地区其他国家的挑战。我们以阿根廷和委内瑞拉为例进行了分析，但巴拉圭和玻利维亚也很类似。巴西几届政府都宣称尽力以更合作的方式去回应，但这种回应由于严重的障碍而难以实现。南美一体化的最大障碍之一就在于：该地区由贫困国家组成，各国的经济结构缺乏互补性，并且都面向发达市场，那些市场是欠发达国家产品的买家。中国尽管也是产品买家，却是一个非常重要的后起之秀，因此并未改变通常与南北关系相关的格局。

我们还发现，要想成为南美区域一体化——乃至仅仅是南共市——的大老板，巴西在实力和意愿上都受到制约。巴西的战略面临着与国际体系结构相关的多重障碍。卢拉政府时期形成的多元化自主战略旨在尽可能提升巴西的实力。在任何政治形势下，成功都不是先验确定，也显然并不总是后天努力而成。与卡多佐政府在20世纪90年代所推行的政策相比，巴西外交政策已经有了重要变化。这些变化源于左翼力量占上风的国内政治关系，还因为经济似乎已相对稳定并能长期保持下去。这些变化还源于国际体系的大规模重构，本书的分析已经表明这一点。美国布什政府推行强势的单边主义，中国的影响力不断上升，巴西得以加入相关论坛（如20国商业峰会、20国金融峰会、8+5对话会）等，都意味着巴西有理由希望参与重组国际体系的努力，以在政治、经济、战略和文化领域加强多边主义。在此过程中，并未造成政治上的决裂，而是始终保持与形形色色的对象国——既有发达国家也有发展中国家——的对话。

从理论上说，三种自主概念（疏离型自主、参与型自主和多元化自主）与顺应大国利益的外交政策形成了对立，因而可以成为一种分析框架，用来研究许多国家（尤其是发展中国家）的外交政策。对许多国家都可以进行类似的分析，尽管本书的意图不在于此。聚焦于某些战略可以帮助这些国家为将来的行动制定更清晰的路线图（从而有利于决策者），并对过去的立场进行更清楚的分析（从而有益于学术研究）。有些国家常常采取不同战略相结合的外交政策（比如既有疏离型自主的因素也有参与型自主的特征），因为针对不同的议题领域（安全、贸易、人权等），它们会采取不同的行动。也有另外的情况，即一国的外交政策并不吻合本书探讨的所有类型——比如只有疏离型自主，而没有参与型自主或多元化自主。不过，我们认为，即使需要根据不同的国情和发展轨迹做出调整，本书的框架对分析其他国家的案例仍然具有借鉴意义。

注释：

[1] 根据巴西统计研究所（Datafolha）的民意调查，在 2008 和 2009 年，大约 70% 的调查对象将卢拉政府评为"好"或者"非常好"。(http：//datafolha. folha. uol. corn. br/)

参考文献

Abdenur, Roberto. " A política externa brasileira e o 'sentimento de exclusão' ". In: Fonseca Jr. , Gelson and Castro, Sérgio Henrique Nabuco de (orgs.). *Temas de política externa brasileira II*, vl. 1. São Paulo: Paz e Terra, 1994.

Abreu, Marcelo de Paiva. "O Brasil e a ALCA: interesses e alternativas". Rio de Janeiro: Departmento de Economia da PUC-Rio, 1997 (*Working Papers*, n. 371).

Abreu, Marcelo de Paiva. "O Brasil, o GATT e a OMC: história e perspectivas ". *Política Externa*, vol. 9, n. 4, 2001: 89 – 119.

Adler, Emanuel. "Ideological ' guerrillas ' and the quest for technological autonomy: Brazil's domestic computer industry ". *International Organization*, 40, n. 3, 1986: 673 – 705.

Alder, Emanuel. *The power of ideology: the quest for technological autonomy in Argentina and Brazil*, Berkeley: University of California

Press, 1987.

Albuquerque, José Augusto Guilhon. " De novo na encruzilhada: as relações internacionais do Brasil às vésperas do século 21". *Carta Internacional*, n. 94/95, 2000: 13 – 17.

Alden, Chris and Vieira, Marco Antonio. " The new diplomacy of the South: South Africa, Brazil, *India* and trilateralism ". *Third World Quarterly*, vol. 26, n. 7, 2005: 1077 – 1095.

Almeida, Paulo Roberto de. "Uma política externa engajada: a diplomacia do governo Lula". *Revista Brasileira de Política Internacional*, Brasília: IBRI, vol. 47, n. 1, 2004: 162 – 184.

Amado, Rodrigo (org.). *Araújo Castro*. Brasília: Editora Universidade de Brasília, 1982.

Amaral, Ricardo. Brasil bypasses patent on Merck AIDS drug. *Washington Post*, 5 May, 2007.

Amorim, Celso. " Uma diplomacia voltada para o desenvolvimento e a democracia". In: Gelson Fonseca Jr. And Sérgio Henrique Nabuco de Castro (orgs.). *Temas de política externa brasileira II*, *vol.* 1. São Paulo: Paz e Terra, 1994.

Amorim, Celso and Pimentel, Renata. "Iniciativa para as Américas: o acordo do Jardim das Rosas". In: José Augusto Guilhon Albuquerque. *Sessenta anos de política externa brasileira* (1930 – 1990). São Paulo: Cultura/Nupri-USP/FAPESP, vol. II, 1996.

Amorim, Celso. Interview with Alexandra de Melo e Silva.

Rio de Janeiro: Fundação Getúlio Vargas-CPDOC, 1997.

Amorim, Celso. Speech of the Minister of Foreign Relations, Ambassador Celso Amorim, due to the transfer of the Foreign Relations Secretary General's post. In: Luiz Inácio Lula da Silva, Celso Amorim and Samuel Guimarães. *A política externa do Brasil*. Brasília: Funag, 2003.

Amorim, Celso. Interview with *Revista CNI-Indústria Brasileira*, 2004. Available at: http://www.mre.gov.br/portugues/politica_ externa/discursos/discurso_ detalhe.asp? ID_ DISCURSO = 2175.

Amorim, Celso. Política externa do Governo Lula: os dois primeiros anos, 2005. Available at: < observatorio.iuperj.br/artigos_ resenhas/Artigo% 20Celso% 20Amorim.pdf >.

Amorim, Celso. Brasil e EUA: o sentido de uma visita. *Folha de S. Paulo*, 8 April 2007.

Ayoob, Mohammed. "Inequality and theorizing in international relations: the case for subaltern realism". *International Studies Review*, vol. 4, n. 3, 2002: 27 – 48.

Azambuja, Marcos Castrioto de. A política externa do governo Collor. Lecture at the Institute of Advanced Studies of the University of São Paulo, 19 Oct 1990.

Batista, Paulo Nogueira. "A política externa de Collor: modernização ou retrocesso?". *Política Externa*, vol. 1, n. 4, 1993: 106 – 135.

Belluzzo, Luiz Gonzaga. Interview with Tullo Vigevani, 4

Jun 1991.

Bresser-Pereira, Luiz Carlos. "A Brazilian approach to external debt negotiation". *Lasa Furum*, vol. 19, n. 4, 1989.

Bresser-Pereira, Luiz Carlos. "Contra a corrente no Ministério da Fazenda". *Revista Brasileira de Ciências Sociais*, vol. 19, n. 7, 1992: 5 - 30.

Buck, Ralph. Interview with Tullo Vigevani, 23 May 1991.

Bueno, Clodoaldo. *Política externa da Primeira República*: os anos do apogeu-de 1902 a 1918. São Paulo: Paz e Terra, 2003.

Burges, Sean W. "Bounded by the reality of trade: practical limits to a South American region". *Cambridge Review of International Affairs*, vol. 18, n. 3, 2005: 437 - 454.

Burges, Sean W. "Building a global Southern coalition: the competing approaches of Brazil's Lula and Venezuela's Chávez". *Third World Quarterly*, vol. 28, n. 7, 2007: 24 - 64.

Burges, Sean W. *Brazilian foreign policy after the Cold War*. Gainesville: University Press of Florida, 2009.

Campos Mello, Flávia de. *Regionalismo e inserção internacional*: *Continuidade e transformação da política externa brasileira nos anos* 90. São Paulo: FFLCH/USP, 2000 (Ph. D. Dissertation).

Canani, Ney. *Política externa no governo Itamar Franco* (1992 - 1994): *continuidade e renovação de paradigma nos anos* 90. Porto Alegre: Editora UFRGS, 2004.

Cardoso, Fernando Henrique. "Política externa: fatos e perspectivas". *Política Externa*, vol. 2, n. 1, 1993.

Cardoso, Fernando Henrique. "Política externa em tempos de mudança: a gestão do Ministro Fernando Henrique Cardoso no Itamaraty". Brasília: Funag, 1994.

Cardoso, Fernando Henrique. Pronouncement of the President of Republic – 1995. Brasília, 1996.

Cardoso, Fernando Henrique. Interview with Brasilio Sallum Jr. "Estamos reorganizando o capitalismo brasileiro". Lua Nova, n. 39, 1997.

Cardoso, Fernando Henrique. Speech of the President of Republic, Fernando Henrique Cardoso, in the Brazilian Center for International Relations (Cebri). Rio de Janeiro, 2000. < http://ftp. unb. br/pub/UNB/ipr/rel/discpr/2000/2929. pdf >.

Cardoso, Fernando Henrique. Speech of the President of Republic, Fernando Henrique Cardoso, in the opening of the III Summit of the Americas. Québec, 20 Apr 2001.

Cardoso, Fernando Henrique. *A arte da política: a história que vivi*. Rio de Janeiro: Civilização Brasileiro, 2006.

Cardozo, Sandra Aparecida and Miyamoto, Shiguenoli. Política externa brasileira em dois momentos: uma análise comparativa entre a política externa do governo Geisel e do governo Lula. Paper presented at the V Conference of the Brazilian Political Science Association (ABCP), UFMG, Belo Horizonte, 26 – 29 Jul 2006.

Cepal (Comisión Económica para América Latina y el Caribe). *Panorama de la inserción internacional de América*

Latina y el Caribe , 2000 - 2001. Santiago: Cepal, 2003.

Cervo, Amado and Bueno, Clodoaldo. *História da política exterior do Brasil.* 2nd ed. Brasília: Editora da Universidade de Brasília, 2002.

Cisneros, Imelda *et al. El desarrollo del comercio y las inversiones entre Brasil y Venezuela.* Brasília: Fundação Alexandre de Gusmão, 1998.

Conca, Ken. "Technology, the military and democracy in Brazil". *Journal of Interamerican Studies and World Affairs*, vol. 34, n. 1, 1992: 141 - 177.

Cruz Jr. , Ademar Seabra de; Cavalcante, Antonio Ricardo F. and Pedone, Luiz. "Brazil's foreign policy under Collor". *Journal of Interamerican Studies and World Affairs*, vol. 35, n. 1, 1993: 119 - 144.

Danese, Sérgio. *Diplomacia presidencial.* Rio de Janeiro: Topbooks, 1999.

Deutsch, Karl W. *The analysis of international relations.* New Jersey: Prentice-Hall, 1968.

Escudé, Carlos. "An introduction to peripheral realism and its implications for the interstate system: Argentina and the Cóndor II Missile Project". In: Stephanie G. Neuman (ed.). *International relations theory and the Third World.* New York: St. Martin's Press, 1998.

Estado de S. Paulo, O. EUA são o parceiro fundamental, diz Fernando Henrique Cardoso. *O Estado de S. Paulo*, 24 Sep 1995.

Estado de S. Paulo, O. FH fala das aspirações brasileiras. *O Estado de S. Paulo*, 1 Sep 1996.

Estado de S. Paulo, O. FHC propõe eixos estratégicos para o País. *O Estado de S. Paulo*, 30 Jan 2000.

Evans, Peter. B. " Declining hegemony and assertive industrialization: U. S. -Brazil conflicts in the computer industry ". *International Organization*, vol. 43, n. 2, 1989: 207 – 238.

Evans, Peter B. *Embedded autonomy: states and industrial transformation*. Princeton, NJ: Princeton University Press, 1995.

Flecha de Lima, Paulo Tarso. "Dados para uma reflexão sobre a política comercial brasileira ". In: Gelson Fonseca Jr. And Valdemar Carneiro Leão (orgs.). Temas de política externa brasileira. Brasília: Funag/Ed. ática, 1989.

Fonseca Jr. , Gelson. *A legitimidade e outras questões internacionais*. São Paulo: Paz e Terra, 1998.

Fonseca Jr. , Gelson. *O interesse e a regra: ensaios sobre o multilateralismo*. São Paulo: Paz e Terra, 2008.

Folha de S. Paulo. Na Bolsa, ação da Petrobras pode ter perda indireta, 26 Jul 2008.

Garcia, Marco Aurélio. Interview with Luiz Antônio Araujo and Rosane de Oliveira. *Zero Hora*, 13 Ma 2004.

GATT (*General Agreement on Tariffs and Trade*). United States-Import restrictions on certain products from Brazil. Request by Brazil, Document L/6386, 24 Aug 1988.

Gazeta Mercantil. Brasil e EUA retomam o diálogo, 11 Sep

1986.

Gazeta Mercantil. EUA ainda estudam represálias, 20 Jun 1987.

Gazeta Mercantil. Brasil regocia na Rodada Uruguai em situaçâo desfavorável, 10 Sep 1988.

Gazeta Mercantil. Brasil volta da reunião com trunfos nas mãos, 17 Nov 2008a.

Gazeta Mercantil. Crise põe o Brasil na mira da China, 21 Nov 2008b.

Geddes, Barbara and Ribeiro Neto, Artur. "Fontes institucionais da corrupção no Brasil". In: Keith S. Rosenn and Richard Downes (orgs.). *Corrupção e reforma política no Brasil: o impacto do impeachement de Collor.* Rio de Janeiro: Editora FGV, 1999.

Genoíno, José. "O declínio da diplomacia presidencial". *Carta Internacional*, n. 71, 1999. Available at: < http://143.107.80.37/nupri/carta717.htm >.

Giannetti, Roberto and Marconini, Mário. "Inserção internacional e comércio exterior brasileiro". Revista Brasileira de Comércio Exterior, vol. 87, 2006: 43 – 17.

Godio, Julio. *El tiempo de Kirchner: el devenir de una revolución desde arriba.* Buenos Aires: Ediciones Letra Grifa, 2006.

Goertz, Gary. *Social Science concepts: a user's guide.* Princeton and Oxford: Princeton University Press, 2006.

Conçalves, José Botafogo and Lyra, Maurício Carvalho.

Aliança estratégica entre Brasil e Argentina: antecedentes, estados atual e *perspectivas*. Rio de Janeiro: Centro Brasileir de Relações Internacionais (Cebri) , ano 2 , vol. 2. Available at: < www. cebri. org. br > .

GMC (Grupo Mercado Comum). V Reunión. *Boletim de Integração Latino-Americana*. Brasília: Ministério das Relações Exteriores, n. 4, Jan/Mar 1992.

Guimarães, Samuel Pinheiro. *Quinhentos anos de periferia*. 3rd ed. Porto Alegre: Editora da Universidade/Contrapontó, 1999.

Guimarães, Samuel Pinheiro. Los tres años del Gobierno del Presidente de Brasil Luiz Inácio Lula da Silva. La Onda Digital, 12 May 2006. Available at: < http://www. uraguay2030. com/ LaOnda/LaOn da/277/Recuadro2. htm > .

Hermann, Charles F. "Changing course: when governments choose to redirect foreign policy". *International Studies Quarterly*, vol. 34, n. 1, 1990: 3 – 21.

Hirst, Monica and Pinheiro, Leticia. "A política externa do Brasil em dois tempos". *Revista Brasileira de Política Internacional*, vol. 38, n. 1, 1995.

Hurrell, Andrew. *The quest for autonomy: the evolution of Brazil's role in the international system*, 1964 – 1985. University of Oxford, 1986 (PhD. Dissertation).

Hurrel, Andrew. "The politics of Amazonian deforestation". *Journal of Latin American Studies*, vol. 23, n. 1, 1991: 197 – 215.

Intal (Institute for the Integration of Latin America and the

Caribbean). "Informe Mercosul: período 2001 – 2002". *Informe Mercosul*, Buenos Aires: Intal/BID, year 7, n. 8, 2003.

Jaguaribe, Hélio. "Autonomía periférica y hegemonía céntrica". *Estudios Internacionales*, n. 46, 1979: 91 – 130.

Jaguaribe, Hélio. "Introdução geral". In: J. A. G. Albuquerque (org.). *Sessenta anos de política externa brasileira* (1930 – 1990): *crescimento, modernização e política externa*. vol. 1. São Paulo: Cultura Editores Associados/Nupri, 1996.

Jank, Marcos S. Revendo a política comercial brasileira. *O Estado de S. Paulo*, 18 Oct 2006.

Journal do Brasil. Resek nos EUA defende política de não-confrontação, 13 May 1990.

Journal do Brasil. Retórica do 1° Mundo é abandonada, 26 Aug 1991.

Xeohane, Robert O. and Nye, Joseph S. Power and interdependence. Boston: Scott, Foresman and Company 1989.

Keohane, Roberto O. And Goldstein, Judith E. *Ideas and foreign policy: beliefs, institutions, and political change*. Ithaca and London: Cornell University Press, 1993.

Krasner, Stephen D. *Structural conflict: The Third World against global liberalism*. Berkeley, Los Angeles, London: University of California Press, 1985.

Krasner, Stephen D. " Compromising Westphalia ". *International Security*, vol. 20, n. 3, 1995/96: 115 – 151.

Krasner, Stephen D. *Sovereignty: organized hypocrisy*. Princeton:

Princeton University Press, 1999.

Kume, J. A. and Piani, Guida. "Mercosul: o dilema entre união aduaneira e área de livre comércio". *Revista de Economia Política*, vol. 25, n. 4 (100), 2005: 370 – 390.

Lafer, Celso. Política externa brasileira: três momentos. São Paulo: Konrad-Adenauer Foundation, 1993a (Papers, n. 4).

Lafer, Celso. "A política externa brasileira no governo Collor". *Política Externa*, vol. 1, n. 4, 1993b: 95 – 105.

Lafer, Celso. *A OMC e a regulação do comércio international: uma visão brasileira.* Porto Alegre: Livraria do Advogado, 1998.

Lafer, Celso. *A identidade internacional do Brasil e a política externa brasileira: passado, presente e futuro.* São Paulo: Editora Perspectiva, 2001a.

Lafer, Celso. ALCA não é destino, é opção. *O Estado de S. Paulo*, 3 Mar 2001b.

Lafer, Celso. Swearing-in speech of the Brazilian Ministry of Foreign Relations. Brasília, 29 Jan 2001c.

Lafer, Celso. *Mudam-se os tempos. Diplomacia brasileira 2001 – 2002.* Vols. I e II. Brasília: Funag, 2002.

Lafer, Celso. *A identidade internacional do Brasil e a política externa brasileira: passado, presente e futuro.* São Paulo: Perspectiva, 2004.

Lampreia, Luiz Felipe. "Seminário sobre Mercosul". Resenha de *Política Exterior do Brasil*, vol. 21, n. 76, set. 1995.

Lampreia, Luiz Felipe. "O consenso brasileiro em torno da

ALCA". *Política Externa*, vol. 5, n. 4, 1997: 4 – 6.

Lampreia, Luiz Felipe. *Diplomacia brasileira*. Rio de Janeiro: Lacerda Editora, 1999.

Lampreia, Luiz Felipe. Farewell address and transfer of the Ministry of Foreign Relations' post to Celso Lafer. Brasília, 2001. Available at: < http: //www. radiobras. gov. br/integras/01/ integra_ 2901_ 6. htm. 2001 > .

Lehman, Howard P. and McCoy, Jennifer L. " The dynamics of the two-level bargaining game-The 1988 Brazilian debt negotiations". *World Politics*, vol. 44, n. 4, 1992: 600 – 644.

León-Manríquez, José Luís. " China-América Latina: una relación económica diferenciada", *Nueva Sociedad*, n. 203, 2006: 28 – 47.

Lima, Maria Regina Soares de. " A economia política da política externa brasileira: uma proposta de análise". *Contexto Internacional*, ano 6, n. 12, 1990: 7 – 28.

Lima, Maria Regina Soares de. "Ejes analíticos y conflicto de paradigmas en la política exterior brasileña". *América Latina/ Internacional*, vol. 1, n. 2, 1994: 27 – 46.

Lima, Maria Regina Soares de. "Política doméstica determina atuação diplomática". *Carta Internacional*, n. 35, 1996.

Lima, Maria Regina Soares de. "Brazil's alternative vision". In: Gordon Mace and Louis Béranger (orgs.). *The Americas in transition*. Boulder/London: Lynne Rienner, 1999.

Lima, Maria Regina Soares de. " Na trilha de uma política

externa afirmativa". *Observatório da Cidadania*, Rio de Janeiro: Ibase, 2003.

Lima, Maria Regina Soares de. "A política externa brasileira e os desafios da cooperação sul-sul". *Revista Brasileira de Política Internacional*, vol. 48, n. 1, 2005: 24 – 59.

Lima, Maria Regina Soares de and Hirst, Mônica. "Brazil as an intermediate State and regional power: action, choice and responsibilities", *International Affairs*, vol. 82, n. 1, 2006: 21 – 40.

Lima, Maria Regina Soares de and Kfuri, Regina. "Política externa da Venezuela e relações com o Brasil", Rio de Janeiro: Observatório Político Sul-Americano, 2007 (Papéis Legislativos, n. 6).

Lula da Silva, Luiz Inácio. Speech of the President of the Republic at the National Congress, swearing-in session for the 2003 – 2006 mandate. In: Luiz Inácio Lula da Silva; Celso Amorim and Samuel Guimarães. *A política externa do Brasil*. Brasília: Funag, 2003.

Lula da Silva, Luiz Inácio. Speech of the President of Republic at the National Congress, swearing-in session for the 2007 – 2010 mandate. Presidência da República, 1 Jan 2007.

Lyrio, Maurício Carvalho. *O contencioso das patentes farmacêuticas e as relações entre Brasil e Estados Unidos*. Rio de Janeiro: IRI-PUC/RJ, 1994 (Master Thesis).

Malamud, Andrés. "Mercosur turns 15: between rising rethoric and declining achievement". *Cambridge Review of International Affairs*, vol. 18, n. 3, 2005: 36 – 421.

Mariano, Marcelo Passini. *A política externa brasileira, o Itamaraty e o Mercosul.* Araraquara: UNESP, 2007 (Ph. D. Dissertation).

Mattli, Walter. *The logic of regional integration: Europe and beyond.* Cambridge: Cambridge University Press, 1999.

Ministério de Relaciones Exteriores de Venezuela. Inserción protagónica de Venezuela, 2005.

Moura, Gerson. *Autonomia na dependência.* Rio de Janeiro: Nova Fronteira, 1980.

Moura, Gerson; Kramer, Paulo and Wrobel, Paulo. "Os caminhos (difíceis) da autonomia: as relações Brasil-EUA". *Contexto Internacional,* ano 1, vol. 2, 1985.

MRE (Ministério das Relações Exteriores). "Brasil, Argentina Uruguai e Paraguai criam Mercado Comum do Sul (Mercosul)". *Resenha de Política Exterior do Brasil,* Brasília, n. 68, 1991.

MRE (Ministério das Relações Exteriores). *A inserção internacional do Brasil: A gestão do Ministro Celso Lafer no Itamaraty.* Brasília: Funag, 1993a.

MRE (Ministério das Relações Exteriores). *Reflexões Sobre a Política externa brasileira.* Brasilia: Funag, 1993b.

MRE (Ministério das Relações Exteriores). *A palavra do Brasil nas Nações Unidas: 1945 – 1995.* Brasília: Funag, 1996.

Naím, Moisés. "The 'axis of Lula' vs. the 'axis of Hugo'". *Foreign Policy,* March, 2009. Available at: < http://www. foreignpolicy. com/story/cms. php? story_ id = 4780 > .

Nardin, Terry. *Lei, moralidade e as relações entre os Estados*. Rio de Janeiro: Forense-Universitária, 1987.

Narlikar, Amrita. *International trade and developing countries: bargaining coalitions in the GATT and WTO*. London: Routledge, 2003.

Neuman, Stephanie G. Neuman (ed.). " International relations theory and the Third World: an oxymoron?". In: Stephanie G. Neuman (ed.). *International relations theory and the Third World*. New York: St. Martin's Press. 1998.

Novaes de Almeida, João Lucas Quental. *A política externa brasileira nas negociações de propriedade intelectual no GATT*. Rio de Janeiro: PUC-RJ, 1994 (Master Thesis).

O'Donnell, Guillermo. *Delegative democracy?*. Notre Dame, IN: Kellogg Institute, 1992 (Working Paper, 172). Available at: ⟨ http://kellogg. nd. edu/publications/workingpapers/WPS/172. pdf⟩.

Peña, Félix. O Mercosul e suas perspectivas: uma opção pela inserção competitiva na economia mundial. Bruxelas, 1991 (mimeo).

Pereira, Analúcia Danilevicz. *A política externa do governo Sarney: A Nova República diante do reordenamento internacional* (1985 – 1990). Porto Alegre: Editora UFRGS, 2003.

Pierson, Paul. " The path to European integration: a historical-institutionalist analysis". In: Sandholtz Wayne and Alec Stone Sweet (eds.). *European integration and supranational* governance. New York: Oxford University Press, 1998.

Pinheiro, Letícia. "1997: O ano que não terminou". *Carta Internacional*, n. 59, 1998: 2.

Pinheiro, Letícia. "Traídos pelo desejo: um ensaio sobre a teoria e a prática da política externa brasileira contemporanea". *Contexto Internacional*, vol. 22, n. 2, 2000: 305 – 335.

PMA (Pharmaceutical Manufacturers Association). Petition for relief pursuant to Section 301 of the Trade Act of 1974, as amended-Denial by the Government of Brazil of fair and equitable provision of adequate and effective protection of intellectual property rights. 1987.

Prates, Daniela Magalhães. "A inserção externa da economia brasileira no governo Lula". *Política Econômica em Foco*, n, 7, 2005/2006: 112 – 151.

Presidential Documents. Proclamation 5885: Increase in the rates of duty for certain articles from Brazil. *Federal Register*, vol. 53, n. 205, 24 Oct. 1988.

PT. *Programa de Governo* 2002. Available at: < http: // www. lula. org. br/assets/programadegoverno. pdf > .

Puig, J. C. *Doctrinas internacionales y autonomía latinoamericana*. Caracas: Universidad Simon Bolivar, 1980.

Puig, J. C. "Introducción". In: Juan Carlos Puig (ed.). *América Latina: políticas exteriores comparadas*. Buenos Aires: GEL, 1984.

Reagan, Ronald. Presidential Radio Address – 7 September

1985. Available at: < http: //en. wikisource. org/wiki/Presidential_ Radio_ Address_ - _ 7_ September_ 1985 >.

Ricupero, Rubens and Didonet, Evandro. "A abertura comercial brasileira". In: MRE/SGIE/GETEC. *Boletim de Diplomacia Econômica*, n. 19, 1995.

Rosati, Jerel. "A cognitive approach to the study of foreign policy". In: Jeanne A. K. Hey and Patrick J. Haney (eds.). *Foreign policy analysis: continuity and change in its second generation.* New Jersey: Prentice Hall, 1995.

Rosenberg, Justin. *The empire of civil society. A critique of the realist theory of international relations.* Verso: London, 1994.

Russell, Roberto and Tokatlian, Juan Gabriel. "From antagonistic autonomy to relational autonomy". *Latin American Politics and Society*, vol. 45, n. 1, 2003: 1 - 24.

Santoro, Maurício and Valente, Leonardo. "A diplomacia midiática do Governo Hugo Chávez". Rio de Janeiro: Observatório Político Sul-Americano, 2006. Available at: < http:// observatorio. iuperj. br/artigos_ resenhas/Diplomacia_ Midiatica_ Governo_ Chavez. pdf >.

Sarney, José. "Brazil: a president's story". *Foreign Affairs*, vol. 65, n. 1, 1986a: 6 - 105.

Sarney, José. . Speech delivered at the sanctioning ceremony of the First Plan for Informatics and Automation. Planalto Palace, 17 April 1986b.

Schmitter, Philippe C. "Still the century of corporatism?".

In: Philippe Schmitter C. And Gerhard Lehmbruch (orgs.). *Trends toward corporatist intermediation.* Berverly Hills: Sage Publications, 1979.

Secex (Secretaria de Comércio Exterior). *Boletim Informativo,* Brasília, 2007.

Seixas Corrêa, Luiz Felipe de. *A palavra do Brasil nas Nações Unidas.* Brasília: Funag, 1995.

Seixas Corrêa, Luiz Felipe de. "A política externa de José Sarney". In: José Augusto Guilhon Albuquerque (org.). *Sessenta anos de política externa brasileira. Crescimento, modernização e política externa.* São Paulo: Cultura Editores Associados, 1996.

Sell, Susan. "The origins of a trade-based approach to intellectual property protection: the role of industry associations". Science Communication, vol. 17, n. 2, 1995: 163 – 185.

Sell, Susan. "Intellectual property rights". In: David Held and Anthony McGrew (eds.). *Governing globalization: power, authority and global governance.* Cambridge: Polity Press. 2002.

Sennes, Ricardo and Barbosa, Alexandre Freitas. "Avaliação do potencial econômico da relação Brasil-Venezuela". Rio de Janeiro: Observatório Político Sul-Americano, 2007 (Papéis Legislativos, n. 5).

Serbin, Andrés. "Cuando la limosna es grande: el Caribe, Chávez y los limites de la diplomacia petrolera". *Nueva Sociedad,* n. 205, 2006: 75 – 91.

Shukla, S. P. "From the GATT to the WTO and beyond".

In: Deepak Nayyar (ed.). *Governing globalization: issues and institutions*. *Oxford: Oxford University Press*, 2002.

Silva, Carlos Eduardo Lins da. " Política e comércio exterior". In: Bolivar Lamounier and Rubens Figueiredo. *A era FHC: um balanço*. São Paulo: Cultura Editores Associados, 2002.

Souto Maior, Luiz Augusto P. " Dois anos de ' presença soberana': uma reflexão sobre a política externa do Governo Lula". *Cena Internacional*, vol. 6, n. 2, 2004: 53 – 72.

Souza, Amaury de. A agenda internacional do Brasil: um estudo sobre a comunidade brasileira de política externa. Rio de Janeiro: Centro Brasileiro de Relações Internacionais (Cebri), 2002. Available at: < http: //www. wilsoncerter. org/events/ docs/brazil. agendainternacionaldobrasil. pdf > .

Suns On-line. Third World dissatisfied with Uruguay Round Processes. 29 Sep 1988. Available at: < http: //www. sunsonline. org/trade/process/during/uruguay/tnc/09290088. htm > .

Tachinardi, Maria Helena. *A guerra das patentes: o conflito Brasil x Estados Unidos sobre propriedade intelectual*. São Paulo: Paz e Terra, 1993.

The Economist. The Chávez play, 26 Oct 2006.

Tickner, Arlene. " Seeing IR differently: notes from the Third World". *Millenium-Journal of International Studies*, vol. 32, n. 2, 2003: 295 – 324.

United States. " Trade Act of 1974 ". In: John H. Jackson; William J. Davey and Alan O. Sykes Jr. Documents Supplement to

Legal problems of international economic relations. Minnesota: West Group. 2002a.

United States. "Omnibus Trade and Competitiveness Act of 1988". In: John H. Jackson; William J. Davey and Alan O. Sykes Jr. Documents Supplement to *Legal problems of international economic relations.* Minnesota: West Group, 2002b.

Urrutia, Edmundo González. "Las dos etapas de la política exterior de Chávez". *Nueva Sociedad*, n. 205, 2006: 158 – 171.

Vadell, Javier. South America welcomes the Asian dragon. Paper presented at 49th annual International Studies Association (ISA) Convention, 2008.

Valadão, Alfredo. "A autonomia pela responsabilidade: o Brasil frente ao uso legítimo da força". *Res-Publica*, vol. 1, 2005: 117 – 135.

Valero, Jorge. "Petróleo, democracia y cooperación hemisférica". Washington DC, OAS/Ser. GCP/INF. 5252/05, 29 Sep 2005.

Valor Econômico. Empresários defendem um passo atrás no Mercosul, 16 Nov 2004.

Valor Econômico. Apoio à entrada da Rússia na OMC em troca de nada, 19 Oct 2005.

Vaz, Alcides C. *Cooperação, integração e processo negociador: a construção do Mercosul.* Brasília: IBRI, 2002.

Veiga, João Paulo Candia. *Dívida externa e o contexto internacional: os limites à formulação de política para a dívida externa na gestão da ministra*

Zélia Cardoso de Mello. São Paulo: Universidade de São Paulo, 1993 (Master Thesis).

Velasco e Cruz, Sebastião. *Trajetórias: capitalismo neoliberal e reformas econômicas nos países da periferia*. São Paulo: Editora UNESP, 2007.

Vigevani, Tullo. "La via del pragmatismo responsabile: la politica estera del Brasile". *Política Internazionale*, vol. 11 – 12, 1974: 273 – 335.

Vigevani, Tullo. *Questão nacional e política exterior. Um estudo de caso: formulação da política internacional do Brasil e motivações da Força Expedicionária Brasileira*. São Paulo: University of São Paulo, 1989 (Ph. D. Dissertation).

Vigevani, Tullo; Oliveira, Marcelo Fernandes de and Cintra, Rodrigo. "Política externa no período FHC: a busca de autonomia pela integração". *Tempo Social*, vol. 15, 2004: 31 – 61.

Vigevani, Tullo *et al.* (orgs.). *A dimensão subnacional e as relações internacionais*. São Paulo: EDUC/Editora Unesp/EDUSC/FAPESP, 2004.

Vigevani, Tullo and Mariano, Marcelo Passini. *A ALCA e a política externa brasileira*. São Paulo: Cedec, 2005 (Cadernos Cedec, 74).

Villa, Rafael Duarte. "Política externa brasileira: capital social e discurso democrático na América do Sul". *Revista Brasileira de Ciências Sociais*, vol. 21, n. 61, 2006: 63 – 89.

Villa, Rafael Duarte. "Limites do ativismo venezuelano para

América do Sul". *Política Externa*, vol. 16, n. 2, 2007: 37 –49.

Zéquete, José Pedro. "The missionary politics of Hugo Chávez". *Latin American Politics and Society*, vol. 50, n. 1, 2008: 91 –121.

Waltz, Kenneth N. *Theory of international politics.* Massachusetts: Addison-Wesley Publishing Company, 1979.

Waltz, Kenneth N. "Structural realism after the Cold War". *International Security*, vol. 25, n. 1, 2000: 5 –41.

Wanderley, Luiz Eduardo and Vigevani, Tullo (orgs.). *Governos subnacionais e sociedade civil: integração regional e Mercosul.* São Paulo: EDUC/Editora Unesp/FAPESP, 2005.

Weber, Max. *Economia e sociedade: Fundamentos da sociologia compreensiva.* Brasília: Editora UnB, 1991.

Wendt, Alexander. "Collective identity formation and the international state". *American Political Science Review*, vol. 88, n. 2, 1994: 181 –219.

Wendt, Alexander. *Social theory of international politics.* Cambridge: Cambridge University Press, 1999.

Weyland, Kurt. "The rise and fall of president Collor and its impact on Brazilian democracy". *Journal of Interamerican Studies and World Affairs*, vol. 35, n. 1, 1993: 1 –37.

Weyland, Kurt. "The fragmentation of the business in Brazil". In: Francisco Durand and Eduardo Silva (eds.). *Organized business, economic change, and democracy in Latin America.* Miami: North-South Center Press, 1999.

附录

巴西外交政策基本数据

附录1 政府及其外交部部长

总统	外交部部长
若泽·萨尔内 （1985~1990 年）	奥拉沃·塞图巴尔（1985 年 3 月至 1986 年 3 月） 罗伯特·德·阿布雷乌·索德莱（1986 年 3 月至 1990 年 1 月）
费尔南多·科洛尔·德梅洛 （1990~1992 年）	若泽·弗朗西斯科·雷塞克（1990 年 1 月至 1992 年 4 月） 塞尔索·拉费尔（1992 年 4 月至 10 月）
伊塔玛尔·佛朗哥 （1992~1994 年）	费尔南多·恩里克·卡多佐（1992 年 10 月至 1993 年 5 月） 塞尔索·阿莫林（1993 年 5 月至 1994 年 12 月）
费尔南多·恩里克·卡多佐 （1995 ~ 1998 年，1999 ~ 2002 年）	路易斯·费利佩·兰普雷亚（1995 年 1 月至 2001 年 1 月） 塞尔索·拉费尔（2001 年 1 月至 2002 年 12 月）
路易斯·伊纳西奥·卢拉·达席尔瓦（2003 ~ 2006 年，2007 ~ 2010 年）	塞尔索·阿莫林（2003 年 1 月至本书交稿）

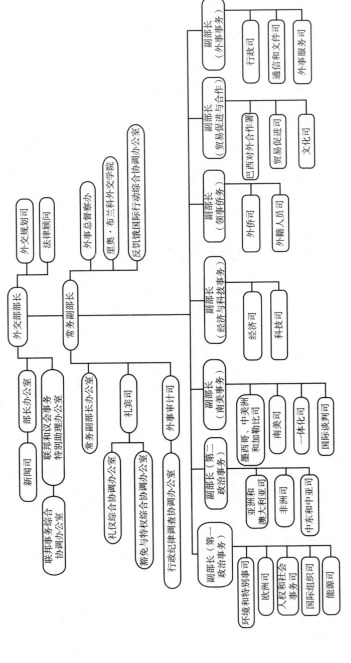

附录 2　巴西外交部组织机构简图（据 2006 年 12 月 6 日 5979 号令）

附录 3 南共市的经济不平衡

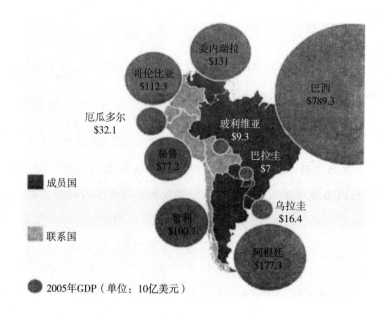

资料来源：南共市。

附录 4　大事记

1985 年

3 月 15 日　若泽·萨尔内就任新共和国总统，奥拉沃·埃吉迪奥·塞图巴尔担任外交部部长。

4 月 21 日　坦克雷多·内维斯总统逝世。

8 月 21 日　致力于中美洲和平的孔塔多拉集团成立。

9 月 7 日　美国政府宣布对巴西信息技术行业展开调查，对巴西不遵守知识产权和药品专利权及其软件盗版行为实施报复。

9 月 23 日　纽约：共和国总统在第 40 届联合国大会上发表以拉美国家外债为主题的演讲。

10 月 9 日　解决外债问题的"贝克计划"公布。

11 月 30 日　巴西和阿根廷两国总统就核能问题和平合作签署《伊瓜苏宣言》。

1986 年

2 月 14 日　罗伯特·科斯塔·德·阿布雷乌·索德莱就任外交部部长。

3 月 1 日　"克鲁扎多计划"启动。

7 月 14 日　巴西与古巴重建外交关系。

9 月 10～11 日　若泽·萨尔内总统访问美国，与罗纳德·里根总统讨论美国的贸易报复问题。

9 月 20 日　关贸总协定乌拉圭回合谈判启动。

10 月 27 日 由巴西提出并在联合国获得通过的"南大西洋和平与合作区"公布。

12 月 11 日 巴西利亚：巴西、阿根廷和乌拉圭三国签署友好条例。

1987 年

2 月 20 日 财政部部长迪尔森·弗那洛宣布暂停支付外债利息。

10 月 15 日 巴西当选联合国安理会非常任理事国。

1988 年

4 月 13 日 77 国集团实施发展中国家间全球贸易优惠制（GSTP）。

7 月 22 日 由于巴美两国贸易争端，美国贸易代表办公室根据《贸易法案》的"301 条款"宣布对巴西实行制裁。

10 月 5 日 巴西新宪法颁布。

10 月 17～21 日 若泽·萨尔内总统率商务代表团访问苏联，就科技合作、和平与国际合作一体化等问题签署协议。

12 月 22 日 奇科·门德斯被暗杀。

1989 年

2 月 2 日 加拉加斯：萨尔内总统与菲德尔·卡斯特罗总统举行会晤。

3 月 10 日 "布雷迪计划"公布。

5 月 8 日 与越南社会主义共和国建立外交关系。

9 月 7 日 贝尔格莱德：不结盟国家首脑会议成立 15 国

集团。

9月25日 若泽·萨尔内总统在第44届联合国大会上就民主和贫困国家的经济开发问题发表演讲。

11月1日 马拉尼昂州圣路易斯市：召开第一届官方语言为葡萄牙语的国家的政府首脑峰会，并在佛得角成立国际葡语协会。

12月17日 费尔南多·科洛尔·德梅洛赢得巴西总统直接选举。

1990年

3月15日 法官出身的若泽·弗朗西斯科·雷塞克成为外交部部长，财政部长泽利娅·卡多佐·德梅洛宣布新的反通胀计划。

7月6日 巴西和阿根廷为成立双边共同市场而签署《布宜诺斯艾利斯协定》。

9月22~30日 参加第45届联合国大会，并发表倡导自由主义政策和私有化的演讲。

11月28日 签署《阿根廷和巴西关于共同核政策的联合声明》。

12月3日 美国总统乔治·布什访问巴西。

12月20日 巴西与阿根廷签署经济互补协议。

1991年

3月26日 签署成立南方共同市场（南共市）的《亚松森条约》。

6月19日 签署"4+1协议"。

7 月 18～19 日　瓜达拉哈拉：首届伊比利亚美洲首脑会议召开。

1992 年

1 月 29 日　巴西与国际货币基金组织签署外债重组协议。

2 月 10～11 日　马瑙斯：第 2 届亚马孙国家总统会议召开。

4 月 7 日　由于阿尔韦托·藤森总统上演的"自我政变"而中断正在秘鲁进行的双边项目。

4 月 13 日　法官和政治家出身的塞尔索·拉费尔出任外交部部长。

5 月 29 日　南共市与欧共体委员会签署组织间合作协议。

6 月 3～14 日　里约热内卢：联合国环境与发展大会召开，故亦称"里约－92"。

7 月 23～24 日　马德里：第 2 届伊比利亚美洲首脑会议召开。

9 月 25 日　华盛顿：巴西正式宣布加入《美洲人权公约》。

9 月 29 日　费尔南多·科洛尔·德梅洛总统被弹劾。

10 月 5 日　副总统伊塔玛尔·佛朗哥就任共和国总统，费尔南多·恩里克·卡多佐出任外交部部长。

10 月 23 日　伊塔玛尔·佛朗哥总统访问塞内加尔并参加第 2 届 15 国集团峰会。

12 月 2 日　布宜诺斯艾利斯：第 6 届里约集团峰会启动"亚马孙倡议"。

1993 年

1 月 1 日　巴西成为联合国安理会非常任理事国。

2 月 17 日 在两国总统的见证下签署购买玻利维亚天然气的贸易合同；开始建设巴西—玻利维亚天然气管道。

5 月 21 日 塞尔索·路易斯·努内斯·阿莫林大使开始执掌外交部，而费尔南多·恩里克·卡多佐则担任财政部部长。

7 月 15～16 日 萨尔瓦多：第三届伊比利亚美洲首脑会议举行。

9 月 24 日 咖啡生产国协会成立。

9 月 27 日 在第 48 届联合国大会的讲话中，塞尔索·阿莫林对所谓干预责任和良好治理之说提出了批评。

1994 年

4 月 15 日 乌拉圭回合谈判结束；《马拉喀什协定》确定建立世界贸易组织，以取代 1947 年成立的关税及贸易总协定。

5 月 30 日 墨西哥城：巴西签署《特拉特洛尔科条约》。

6 月 9 日 贝伦：第 24 届美洲国家组织大会通过《贝伦杜帕拉公约》。

7 月 1 日 "雷亚尔计划"开始实施。

9 月 22 日 巴西利亚：第 3 届南大西洋和平与合作区会议举行。

12 月 9～11 日 迈阿密：第一届美洲国家首脑会议，旨在建立美洲自由贸易区，并签署《迈阿密原则声明》。

12 月 17 日 通过启动南共市的《黑金城协议》。

1995 年

1 月 1 日 费尔南多·恩里克·卡多佐就任共和国总统，路易斯·费利佩·兰普雷亚大使执掌外交部；南共市关税联盟生效，采取共同对外关税。

9 月 15 日 鲁本斯·里库佩罗大使出任联合国贸易和发展会议秘书长。

10 月 24 日 "联合国成立 50 周年纪念特别会议"。

1996 年

4 月 10 日 国会通过《新知识产权法》。

7 月 17 日 葡萄牙语国家共同体正式成立。

9 月 24 日 第 51 届联合国大会，签署《全面禁止核试验条约》。

11 月 6 日 弗朗西斯科·雷塞克当选为国际法庭法官。

12 月 17 日 福塔莱萨：南共市与其新联系国玻利维亚就自由贸易区问题展开商谈。

1997 年

8 月 6 日 《石油法》结束了国家石油公司对石油勘探的垄断。

10 月 13 日 美国总统比尔·克林顿访问巴西。

12 月 10 日 通过《京都议定书》，采纳了巴西提出的清洁发展机制。

1998 年

4 月 16 日 布宜诺斯艾利斯：南共市与安第斯共同体之间建立自由贸易区。

5 月 1 日 巴西被解除基于美国《贸易法案》"301 条款"而实行的制裁。

5 月 18 日　在印度（及巴基斯坦）举行核试验之后，终止与印度就和平使用核能的合作谅解备忘录。

6 月 8 日　费尔南多·恩里克·卡多佐总统在戴维营会晤美国总统比尔·克林顿；在联合国特别会议上宣布成立全国禁毒委员会。

7 月 12 ~ 13 日　联合国秘书长科菲·安南访问巴西。

7 月 17 日　《关于成立国际刑事法庭的罗马规约》获得通过。

7 月 20 ~ 23 日　南非总统纳尔逊·曼德拉访问巴西。

10 月 4 日　费尔南多·恩里克·卡多佐再次当选总统。

11 月 13 日　巴西与国际货币基金组织签署一项新协议，获得价值 415 亿美元的经济资助。

1999 年

1 月 4 日　巴西担任当月的联合国安理会轮值主席。

1 月 13 日　自 1994 年实施货币稳定政策以来，本币再次贬值；重新采用浮动汇率制。

2 月 9 日　巴西—玻利维亚天然气管道第一段开通。

4 月 30 日　巴西进入美国《贸易法案》"301 条款"观察国名单。

6 月 28 ~ 29 日　里约热内卢：首届拉美加勒比 – 欧盟峰会举行。

9 月 25 日　7 国集团和发展中国家成立 20 国金融集团。

10 月 14 日　太原：首颗中巴卫星发射。

11 月 13 ~ 16 日　费尔南多·恩里克·卡多佐总统访问古巴。

11 月 20～21 日　佛罗伦萨：共和国总统参加以"21 世纪的进步治理"为主题的会议。

11 月 24 日　南共市和欧盟举行跨地区谈判委员会会议。

2000 年

3 月 7～9 日　费尔南多·恩里克·卡多佐总统访问葡萄牙，庆祝佩德罗·阿尔瓦雷斯·卡布拉尔远航 500 周年；巴西和葡萄牙签署新的《友好、合作和磋商协定》。

8 月 31 日　巴西利亚：首届南美国家首脑会议。

12 月 7 日　外交部代表处在圣保罗成立。

12 月 15 日　弗洛里亚诺波利斯：南非总统塔博·姆贝基访问巴西，签署《南共市－南非框架协议》。

2001 年

1 月 25～30 日　阿雷格里港：首届世界社会论坛举行。

1 月 29 日　塞尔索·拉费尔就任外交部部长。

3 月 29～30 日　圣地亚哥：首届东亚－拉美合作论坛外长会议。

4 月 3 日　委内瑞拉总统乌戈·查韦斯访问巴西，提议加入南共市。

4 月 20～22 日　魁北克：第三届美洲国家峰会，巴西政府称美洲自由贸易区是"一种选择而不是命运"。

6 月 25 日　世贸组织撤销美国对巴西在药品专利权方面的投诉。

7 月 8～11 日　欧盟贸易委员帕斯卡尔·拉米访问巴西。

7 月 25 日　在国际捕鲸委员会会议上提议在南大西洋建立一

个鲸鱼避难所。

7 月 31 日至 8 月 1 日　英国首相托尼·布莱尔访问巴西。

8 月 14 日　巴西－阿根廷核能应用机构成立。

10 月 30 日　巴黎：费尔南多·恩里克·卡多佐总统在法国国民议会上发表讲话，倡导"新"的国际秩序。

11 月 9 ~ 13 日　多哈：世贸组织第 4 届部长级会议；巴西警告要打破艾滋病药品专利；多哈发展议程启动。

11 月 10 日　第 56 届联合国大会；共和国总统呼吁携手迎接全球化。

2002 年

2 月 14 日　俄罗斯宣布支持巴西成为联合国安理会常任理事国；德国总理格哈德·施罗德访问巴西，也表示支持巴西成为联合国安理会常任理事国；签署关于执行热带雨林保护计划的经济合作协议。

3 月 1 日　安哥拉总统若泽·爱德华多·多斯桑托斯访问巴西，讨论有关安哥拉和平问题。

4 月 22 日　迫于美国压力，何塞·布斯塔尼大使被解除禁止化学武器组织总干事一职。

7 月 3 日　墨西哥总统文森特·福克斯访问巴西；两国签署固定关税优惠协议。

7 月 4 ~ 5 日　布宜诺斯艾利斯：第 22 届南共市峰会。

8 月 5 ~ 7 日　巴西利亚：首届巴西－南非联合委员会会议。

10 月 25 日　巴黎：《巴西－法国和平利用核能合作协议》签署。

11 月 1 日　巴西和美国共同主持美洲自由贸易区谈判进程。

11 月 28 日　柏林：南共市联合外贸促进中心成立。

2003 年

1 月 1 日　路易斯·伊纳西奥·卢拉·达席尔瓦总统就职；塞尔索·阿莫林成为新任外交部部长。

1 月 26 日　达沃斯：路易斯·伊纳西奥·卢拉·达席尔瓦总统参加世界经济论坛。

6 月 6 日　印度、巴西、南非三国对话论坛成立。

6 月 18 日　亚松森：提出巩固南共市关税联盟的建议，即"2006 议程"。

7 月 14 日　英国宣布支持巴西成为联合国安理会常任理事国。

9 月 23 日　第五十八届联合国大会；共和国总统建议成立世界反饥饿委员会。

10 月 16 日　路易斯·伊纳西奥·卢拉·达席尔瓦总统访问阿根廷；达成"布宜诺斯艾利斯共识"，以对抗"华盛顿共识"。

10 月 23 日　巴西第九次当选联合国安理会非常任理事国。

11 月 6 日　中国宣布支持巴西成为联合国安理会常任理事国。

12 月 11～12 日　巴西利亚：20 国集团为协调世贸组织多哈回合谈判举行部长级会议。

2004 年

1 月 1 日　巴西对美国公民入境采取对应限制措施。

1月20日 日内瓦：路易斯·伊纳西奥·卢拉·达席尔瓦总统与法国总统雅克·希拉克、智利总统里卡多·拉戈斯及联合国秘书长科菲·安南举行会晤，商讨设立全球反饥饿反贫困基金事宜。

5月22～26日 路易斯·伊纳西奥·卢拉·达席尔瓦总统率商务代表团访问中国。

5月28日 瓜达拉哈拉：第3届欧盟－拉美峰会；巴西派出第一支小分队参加联合国海地稳定特派团。

6月13～18日 圣保罗：第11届联合国贸易和发展会议，通过"圣保罗共识"。

11月11～16日 由于巴西承认中国的市场经济地位，中国国家主席胡锦涛访问巴西。

12月16日 贝洛奥里藏特：南共市与南部非洲关税同盟签署优惠贸易协定。

12月17日 黑金城：第27届南共市首脑会议；正式接纳哥伦比亚、厄瓜多尔和委内瑞拉为联系国。

2005年

1月19日 莱蒂西亚：路易斯·伊纳西奥·卢拉·达席尔瓦总统与哥伦比亚总统阿尔瓦罗·乌里韦·贝莱斯举行会晤。

2月14日 加拉加斯：对委内瑞拉进行工作访问，与乌戈·查韦斯总统会晤。

3月23日 巴西利亚：美国国防部部长唐纳德·拉姆斯菲尔德进行礼节性访问。

4月26日 巴西利亚：美国国务卿康多莉扎·赖斯进行

工作访问。

7 月 13～15 日　对法国开展正式访问，参加在法国举行的巴西年庆祝活动。

8 月 1 日　巴西利亚：美国财政部长约翰·斯诺进行礼节性访问。

8 月 11 日　委内瑞拉总统乌戈·查韦斯进行工作访问。

9 月 8 日　马尔多纳多港：为启动跨洋高速公路的建造工作而访问秘鲁。

11 月 6 日　美国总统乔治·W. 布什进行工作访问。

11 月 30 日　伊瓜苏港：巴西－阿根廷一体化进程 20 周年纪念聚会；卢拉总统与基什内尔总统签署多项协议。

12 月 8～9 日　南共市首脑会议，做出赞同委内瑞拉为该组织正式成员国的政治决定。

12 月 14 日　对哥伦比亚进行工作访问，与阿尔瓦罗·乌里韦总统会晤。

12 月 15 日　世界银行行长保罗·沃尔福威茨来访。

12 月 16 日　苏瓦沛港：委内瑞拉总统乌戈·查韦斯为正式启动未来的阿布雷乌埃利马炼油厂项目而进行工作访问。

2006 年

1 月 10 日　国际货币基金组织总裁罗德里戈·拉托就巴西提出的偿还 155.7 亿美元贷款一事访问巴西，该笔贷款是 2003 年签署的一揽子援助合同的一部分。

2 月 12 日　访问南非共和国；与其他 13 国政府首脑一起参加"进步治理峰会"。

3 月 6 日　对英国进行国事访问；与女王伊丽莎白二世和首相托尼·布莱尔举行会晤。

4 月 26 日　巴西、阿根廷和委内瑞拉三国总统举行三方会议。

7 月 15~17 日　圣彼得堡：参加 8 国集团扩大会议。

7 月 21 日　科尔多瓦：第 30 届南共市峰会及联系国首脑扩大会议，菲德尔·卡斯特罗总统出席古巴与南共市贸易协定的签字仪式。

9 月 13 日　首届印度、巴西、南非三国对话论坛峰会，印度总理曼莫汉·辛格和南非总统塔博·姆贝基出席。

9 月 19 日　纽约：卢拉总统在第 61 届联合国大会开幕式上发表讲话；启动国际药品采购机制；卢拉总统被唤醒良知基金会选为"年度政治人物"并参加颁奖典礼。

2007 年

1 月 17~18 日　日内瓦：世界知识产权组织第一次特别会议。

3 月 2~3 日　乔治敦：第 19 届里约集团首脑会议。

3 月 8~9 日　美国总统乔治·W. 布什访问巴西。

3 月 21 日　巴西利亚：第 10 届巴西 – 欧盟联合委员会会议。

3 月 30~31 日　华盛顿：卢拉总统访问美国。

4 月 11~13 日　新德里：塞尔索·阿莫林部长访问印度，参加有关重启世贸组织多哈回合谈判的会谈及第 3 届巴西 – 印度联合委员会会议。

5 月 17~18 日　布鲁塞尔：塞尔索·阿莫林部长前往参

加 4 国集团有关重启世贸组织多哈回合谈判的会谈。

6 月 3 ~ 5 日　新德里：卢拉总统对印度进行国事访问；巴拿马城：第 37 届美洲国家组织大会。

7 月 4 日　里斯本：卢拉总统访问葡萄牙，参加首届巴西 – 欧盟峰会。

8 月 30 日　巴西利亚：巴西 – 中国联合工作组第一次会议。

9 月 25 日至 10 月 7 日　纽约：第 62 届联合国大会一般性辩论。

10 月 17 日　第 2 届印度、巴西、南非三国对话论坛峰会。

11 月 10 ~ 13 日　巴西利亚：联合国秘书长潘基文来访。

2008 年

3 月 6 日　西班牙驱逐大量巴西人；外交部考虑采取对应措施。

3 月 13 ~ 15 日　巴西利亚和萨尔瓦多：美国国务卿康多莉扎·赖斯来访。

4 月 14 日　联合国食物权问题特别报告员让·齐格勒开始对巴西使用甘蔗大规模生产生物燃料乙醇提出异议。

4 月 20 ~ 25 日　阿克拉：第 12 届联合国贸易和发展会议。

5 月 16 日　叶卡捷琳堡：金砖国家部长级会议。

6 月 2 日　巴西向世贸组织专家小组诉美国棉花补贴案最终获胜。

附录 5 人名翻译对照表

原 名	译 名	备 注
Roberto Costa de Abreu Sodré	罗伯特·科斯塔·德·阿布雷乌·索德莱	若泽·萨尔内(1985～1990年)执政时期曾任巴西外交部部长
Alberto Fujimori	阿尔韦托·藤森	1990～2000年任秘鲁总统
Antonio Francisco Azeredo da Silveira	安东尼奥·弗朗西斯科·阿泽雷多·达西尔韦拉	1974～1978年任巴西外交部部长
Augusto Frederico Schmidt	奥古斯托·弗雷德里科·斯密特	巴西著名诗人,儒塞利诺·库比契克(1956～1961年)执政时曾任外交部部长
Barão do Rio Branco	里奥·布兰科男爵	1902～1912年任巴西外交部部长
Bill Clinton	比尔·克林顿	1993～2000年任美国总统
Luis Carlos Bresser Pereira	路易斯·卡洛斯·布雷塞尔·佩雷拉	1987年任巴西财政部部长
Carlos Saúl Menem	卡洛斯·萨乌尔·梅内姆	1989～1999年任阿根廷总统
James Earl Carter	詹姆斯·厄尔·卡特	1977～1981年任美国总统
Castelo Branco	卡斯特洛·布兰科	1964～1967年任巴西总统
Celso Luiz Nunes Amorim	塞尔索·路易斯·努内斯·阿莫林	1993～1995年、2003～2011年任巴西外交部部长,2011～2015年任巴西国防部部长
Celso Lafer	塞尔索·拉费尔	1992年4月至10月及2001～2002年任巴西外交部部长,1999年任巴西商务部部长
Ciro Gomes	西罗·戈麦斯	1994年任巴西财政部部长,实施"雷亚尔计划"
Clayton Yeutter	克莱顿·尤特	1985年至1991年先后任美国贸易代表和农业部部长
Cristina Kirchner	克里斯蒂娜·基什内尔	阿根廷前总统内斯托尔·基什内尔夫人,2007年至今任阿根廷总统
Dilson Funaro	迪尔森·弗那洛	1985～1987年任巴西财政部部长
Eurico Dutra	欧里科·杜特拉	1946～1951年任巴西总统

原　名	译　名	备　注
Emílio Garrastazu Médici	埃米利奥·加拉斯塔祖·梅迪西	1969～1974 年任巴西总统
Ernesto Geisel	埃内斯托·盖泽尔	1974～1979 年任巴西总统
Fernando Collor de Mello	费尔南多·科洛尔·德梅洛	1990～1992 任巴西总统
Fernando Henrique Cardoso	费尔南多·恩里克·卡多佐	1992 年 10 月至 1993 年 5 月任巴西外交部部长,1995～2003 年任巴西总统
Francisco Rezek	弗朗西斯科·雷塞克	1990 年 1 月至 1992 年 4 月任巴西外交部部长
George Shultz	乔治·舒尔茨	1982～1989 年任美国国务卿,曾任美国劳工部部长和财政部部长
Gerald Mossinghoff	杰拉尔德·莫辛霍夫	曾任美国药品研究和制造商协会主席
Getúlio Vargas	热图利奥·瓦加斯	1930～1945 年、1951～1954 年任巴西总统
Hans J. Morgenthau	汉斯·J. 摩根索	美国政治学家,是迄今为止最具影响力的国际关系学家
Hugo Chávez	乌戈·查韦斯	1999～2013 年任委内瑞拉总统
Itamar Franco	伊塔玛尔·佛朗哥	1992～1994 年任巴西总统
Jaime Lusinchi	海梅·卢辛奇	1984～1989 年任委内瑞拉总统
James Baker	詹姆斯·贝克	1985～1988 年任美国财政部部长期间提出了"贝克计划",1989～1992 年任美国国务卿
Janio Quadros	雅尼奥·夸德罗斯	1961 年 1 月至 8 月任巴西总统
João Batista Figueiredo	若昂·巴普蒂斯塔·菲格雷多	1979～1985 年任巴西总统
João Goulart	若昂·古拉特	1961～1964 年任巴西外交部部长
José Maurício Bustani	何塞·毛里西奥·布斯塔尼	曾任禁止化学武器组织(OPCW)总干事
José Sarney	若泽·萨尔内	1985～1990 任巴西总统
José Serra	若泽·塞拉	曾任巴西卫生部部长

原　名	译　名	备　注
Juscelino Kubitschek	儒塞利诺·库比契克	1956～1961 年任巴西总统
Luís Inácio Lula da Silva	路易斯·伊纳西奥·卢拉·达席尔瓦	2003～2010 年任巴西总统
Luiz Felipe Lampreia	路易斯·费利佩·兰普雷亚	1995 年 1 月至 2001 年 1 月任巴西外交部部长
Mailson da Nóbrega	麦尔森·达·洛布莱加	1988 年任巴西财政部部长
Marcos Castrioto de Azambuja	马科斯·卡斯特里奥托·德·阿赞布雅	科洛尔·德梅洛执政时曾任外交部负责外交政策的副部长
Nestor Kirchner	内斯托尔·基什内尔	2003～2007 年任阿根廷总统
Oswaldo Aranha	奥斯瓦尔多·阿拉尼亚	1934～1937 年任巴西驻美大使，1938～1944 年任巴西外交部部长
Paulo César Farias	保罗·塞萨尔·法里亚斯	巴西富豪,科洛尔·德梅洛总统竞选时的财务主管,德梅洛总统弹劾案的重要相关人员之一
Paulo de Tarso Flecha de Lima	保罗·德·塔尔索·弗莱沙·德·利马	萨尔内总统执政时曾任巴西外交部常务副部长
Rafael Caldera	拉斐尔·卡尔德拉	1969～1974 年、1994～1999 年任委内瑞拉总统
Rafael Correa	拉斐尔·科雷亚	2007 年至今任厄瓜多尔总统
Raul Alfonsín	劳尔·阿方辛	1983～1989 年任阿根廷总统
Rubens Ricupero	鲁本斯·里库佩罗	曾任巴西总统萨尔内的特别顾问、巴西环境部部长、巴西财政部部长、联合国副秘书长
Saddam Hussein	萨达姆·侯赛因	1979～2003 年任伊拉克总统
San Tiago Dantas	圣·蒂亚戈·丹塔斯	1961～1963 年任巴西外交部部长,是"独立外交政策"的提出者
Saraiva Guerreiro	萨赖瓦·格雷罗	1979～1985 年任巴西外交部部长
Tancredo Neves	坦克雷多·内维斯	1985 年 1 月当选为首位民选总统,但就任前突发重病逝世,由若泽·萨尔内接任总统

附录6 组织机构名称翻译对照表

全　名	缩写	译　名
American Federation of Labor-Congress of Industrial Organizations	AFL-CIO	美国劳工联合会－产业工会联合会
Andean Development Corporation	CAF	安第斯开发公司（安第斯共同体的筹资机构）
Brazilian Cooperation Agency	ABC	巴西合作署
Brazilian Computer Industry Association	Abicomp	巴西计算机行业协会
Brazilian Foreign Trade Association	AEB	巴西外贸协会
Brazilian Research Council	CNPq	巴西国家科技发展委员会
Brazilian Social Democracy Party	PSDB	巴西社会民主党
Brazilian-Argentine Agency for Accounting and Control of Nuclear Materials	ABACC	巴西－阿根廷核材料衡算和控制机构
Committee of Independent Electoral Political Organization	COPEI	独立选举政治组织委员会
Common External Tariff	TEC/CXT	共同对外关税
Community of Portuguese Language Countries	CPLP	葡语国家共同体
Democratic Action	AD	民主行动党
Democratic Labor Party	PDT	民主工党
Digital Equipment Corporation	DEC	美国数字设备公司
Dispute Settlement Body	DSB	（世界贸易组织）争端解决机构
Free Trade Area of the Americas	FATT	美洲自由贸易区
Fundación Getulio Vargas	FGV	热图利奥·瓦加斯基金会（巴西智库）
Grupo Mercado Comum	GMC	共同市场小组
Instituto Brasileiro de Geografia e Estatística	IBGE	巴西国家地理与统计局
International Atomic Energy Agency	IAEA	国际原子能机构
International Intellectual Property Alliance	IIPA	国际知识产权联盟

全　名	缩写	译　名
International Monetary Fund	IMF	国际货币基金组织
Latin American Integration Association	ALADI	拉美一体化协会
Liberal Front Party	PFL	自由阵线党,2007 年更名为民主党(DEM)
Ministry of Foreign Relations	MRE	外交部
National Confederation of Industry	CNI	国家工业联盟
National Economic and Social Development Bank	BNDES	国家经济社会发展银行
National Council for Informatics and Automation	Conin	国家信息产业和自动化委员会
National Reconstruction Party	PRN	国家重建党
National Renewal Alliance	ARENA	国家革新联盟
Organization for Economic Co-operation and Development	OECD	经济合作与发展组织(简称经合组织)
Organization for the Prohibition of Chemical Weapons	OPCW	禁止化学武器组织
Organization of American States	OAS	美洲国家组织
Party of the Brazilian Democratic Movement	PMDB	民主运动党
Pharmaceutical Research and Manufacturers of America	PhRMA	美国药品研究与制造商协会
Revolutionary Armed Forces of Colombia	FARC	哥伦比亚革命武装力量
São Paulo State Federation of Industry	FIESP	圣保罗州工业联合会
Southern Common Market	MERCOSUR	南方共同市场
Special Information Technology Department	SEI	信息产业特别秘书处
Union of South American Nations	UNASUR	南美洲国家联盟
United States Trade Representative	USTR	美国贸易代表办公室
Worker's Party	PT	劳工党
World Intellectual Property Organization	WIPO	世界知识产权组织

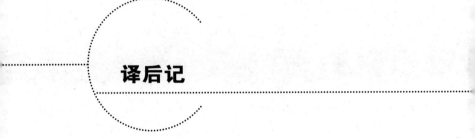

译后记

2008 年 11 月 27 日，湖北大学与巴西圣保罗州立大学共同建设的孔子学院正式揭牌，从而开启了两校之间卓有成效的交流与合作，本人作为湖北大学派驻该孔子学院的首任中方院长，从此也与巴西结下不解之缘，并与孔子学院巴方院长、圣保罗州立大学国际政治关系教授路易斯·安东尼奥·保利诺结下诚挚友谊。

2009 年 8 月，应保利诺教授之邀，我参加了在巴西圣保罗州立大学马利里亚校区举行的一个国际关系周的论坛，演讲的主题基于对中巴建交 35 周年、"金砖四国"在莫斯科举行首次峰会以及中国已经超过美国成为巴西最大贸易伙伴等现实的思考。其时一同赴会的还有圣保罗州立大学政治学教授杜鲁·维也瓦尼教授，他和加布里埃尔·塞帕鲁尼合作撰写的《巴西外交政策》原书葡语版恰逢当年问世并译成英文在美国出版。由此契机而生发许多亲近话题，故一路相谈甚欢。

在随后的日子里，由于我的工作场所与维也瓦尼教授的办公室同在一栋大楼，彼此接触日益频繁，在咖啡茶歇的间隙，除了日常寒暄，也常常谈及一些重大事件，"金砖四国"次年在巴西举行第二次峰会，拉美开始不甘于继续充当"美国后院"，下一轮"金砖国家"峰会将在中国举行，新一任巴西总统的新外交政策强调对华关系等，都成为我们探讨或共享的话题。

闲谈之余，我常常不自觉地生出一些思考。作为西半球最大的发展中国家，巴西在19世纪初还是葡萄牙的殖民地，美国和欧洲国家对它的影响也一直持续到20世纪，至21世纪初，它却开始在世界舞台上持续发挥重要作用，不断释放其经济潜力。中国则是东半球最大的发展中国家，却在继葡萄牙和英国之后，尤其是取代美国保持80年的地位，而成为巴西最大的贸易伙伴国。这些历史性变化背后的因由无疑值得挖掘和探讨。其间我也经常与保利诺教授交流看法，双方不约而同地萌生出一个念头，希望能将《巴西外交政策》一书译成中文，介绍给众多的中国读者和学人。

在巴西任职期满回国后，《巴西外交政策》英文版于2012年修订再版，在保利诺教授的大力支持和维也瓦尼教授的亲自斡旋下，该版本成为此译文的源文本。

20世纪30年代至80年代中期，巴西一直立足于自给自足型经济，推行疏离型自主政策，通过远离霸权或中心国家来保护自己的主权。1985年，巴西结束军政府统治，开始向民主体制过渡，此时它一方面经历着国内的政治经济和社会危机，另一方面又受到来自国际社会的政治经济双重压力，外交政策的变革已成为必然。作为军事政权结束后的第一位民选总统，若泽·萨尔内开始调整外交政策，使巴西渐渐放弃疏离型自主战略，主动与中心国家一起参与关键制度的设计，从而缓步走上参与型自主的新的外交之路。萨尔内总统卸任后的四年间，巴西经历了费尔南多·科洛尔·德梅洛和伊塔玛尔·佛朗哥两任总统当政，这是一个过渡时期，巴西国内政局不稳，外交部部长更换频繁，未能形成明确和连贯的外交政策。费尔南多·恩里克·卡多佐接任总统一职后，在全球化时代国际经济呈现出的新格局下，与其两任外长路易斯·费利佩·兰普雷亚和塞尔索·拉费尔一起，努力改变以疏离型自主理念为导向的消极外交政策议程，而代之以在部分议题上与新自由主义原则一致、以参与型自主理念为导向的外交政策议程。但是到卡多佐政府末期，"9·11"事件使美国的单边主义势头上升，从而使巴西的参与型自主战略受阻，继而在路易斯·伊纳西奥·卢拉·达席尔瓦总统上台后得到调整和变革，呈现出新的特征。卢拉政府反对霸权主义和单边主义，致力于倡导国际体系的多边主义，在与富裕国家保持对话与合作的同时，努力深化与印度、南非、俄罗斯、中国等新兴国家的交往与合作，因而在外交政策上形成了多元化自主战略。不过，这种战略常常受到该地区其他国家的制约，并在一定程度上阻碍了南美一体化进程。

"弱国无外交"是一种普遍盛行的观念，所以，对外交政策领域的研究多聚焦于欧洲和北美的"中心国家"，少有学者涉足边缘国家。无外交的实质就在于受制于"中心国家"，而无法独立自主地制定并实施自己的外交政策。本书作者杜鲁·维也瓦尼和加布里埃尔·塞帕鲁尼却反其道而行，以自主为论题，对边缘国家中的大国——巴西——在1985至2009年间外交政策的变革与延续进行了分析，揭示出三种典型的自主形态，即疏离型自主、参与型自主和多元化自主。正如作者所言，以上分析可以成为一种参照框架，用来研究许多国家——

尤其是发展中国家——的外交政策。本书的视角和观点对从事拉美研究或国际关系研究的学者可望产生有益的借鉴。

在这里，我们衷心感谢维也瓦尼教授和保利诺教授，感谢他们宝贵的耐心、鼓励和信任。此书的翻译和出版得到巴西圣保罗研究基金会、亚历山大德古斯芒基金会和巴西国家科技发展委员会的支持，也获得社会科学文献出版社祝得彬主任及其专业团队的鼎力相助，并得到湖北大学巴西研究中心的同事及诸多巴西朋友的关注，我国前驻巴西大使陈笃庆先生更是始终关心湖北大学巴西研究中心的建设和发展，并对本书的翻译给予了悉心指导，在此我们一并谨表谢忱。

李祥坤

2015 年秋

图书在版编目（CIP）数据

巴西外交政策：从萨尔内到卢拉的自主之路/（巴西）
维也瓦尼，（巴西）塞帕鲁尼著；李祥坤，刘国枝，邹翠
英译.—北京：社会科学文献出版社，2015.12
ISBN 978 - 7 - 5097 - 8322 - 1

Ⅰ.①巴…　Ⅱ.①维…②塞…③李…④刘…⑤邹…
Ⅲ.①对外政策 - 研究 - 巴西　Ⅳ.①D877.70

中国版本图书馆 CIP 数据核字（2015）第 261653 号

巴西外交政策

—— 从萨尔内到卢拉的自主之路

著　者/〔巴西〕杜鲁·维也瓦尼　加布里埃尔·塞帕鲁尼
译　者/李祥坤　刘国枝　邹翠英

出 版 人/谢寿光
项目统筹/祝得彬
责任编辑/刘　娟　楚洋洋

出　　版/社会科学文献出版社·全球与地区问题出版中心（010）59367004
　　　　　地址：北京市北三环中路甲29号院华龙大厦　邮编：100029
　　　　　网址：www.ssap.com.cn
发　　行/市场营销中心（010）59367081　59367090
　　　　　读者服务中心（010）59367028
印　　装/北京季蜂印刷有限公司

规　　格/开　本：889mm × 1194mm　1/32
　　　　　印　张：8.25　字　数：189千字
版　　次/2015年12月第1版　2015年12月第1次印刷
书　　号/ISBN 978 - 7 - 5097 - 8322 - 1
著作权合同
登 记 号/图字 01 - 2015 - 1164 号
定　　价/49.00元